Frank Kawelovski

Von Söhnen, Liebhabern und anderen Einbrechern

Der Wohnungseinbruch und seine Verfolgung durch Polizei und Justiz

Ich danke der Eigentümerschutz-Gemeinschaft Haus & Grund für die freundliche Unterstützung, mit der der Druck dieses Buches ermöglicht wurde

1. Auflage Juni 2012
Satz und Gestaltung: F. Kawelovski
Eigenverlag F. Kawelovski, Mülheim an der Ruhr
Druck: Druckerei winterwork, Borsdorf
ISBN: 978-3-86468-214-8

Inhaltsverzeichnis

1. Einleitung

Das geflügelte Wort „My home is my castle" spiegelt in einer äußerst anschaulichen Weise, dass das menschliche Grundbedürfnis nach Sicherheit in besonderem Maße durch den Rückzug in die eigenen vier Wände befriedigt wird. Während die Welt draußen mehr oder minder als bedrohlich empfunden wird, fühlt man sich in der eigenen Wohnung geschützt. Man zieht die Tür zu, lässt alles, was einem zu nahe kommen und gefährlich werden könnte, außerhalb des eigenen Reiches zurück. Kurz: Hier kennt man sich aus, hier ist man sicher. Hier darf niemand hinein, wenn man es nicht ausdrücklich gestattet.

Wie zerbrechlich diese vermeintliche Sicherheit ist, müssen in Deutschland jedes Jahr mehr als 100.000 Wohnungsinhaber und ihre Familien erfahren: „Bei uns wurde eingebrochen!" Die Szenarien ähneln sich tausendfach und doch sind sie für jeden Betroffenen ein individueller, oft schockierender Eingriff in seine Privatsphäre. Man kommt nach Hause und schon die offene, beschädigte Wohnungstür löst Entsetzen aus. Wer sich nun mit oder ohne Begleitschutz durch Nachbarn oder die eilig gerufene Polizei in die Wohnung wagt, den erwartet die Auflösung seiner privaten Ordnung: Schränke stehen offen, sind möglicherweise aufgehebelt oder Türen herausgebrochen. Kleidung und Hausrat sind aus den Schränken gewühlt und geben, über die Fußböden und Möbel verteilt, ein chaotisches Bild, wie man es sich selbst nie vorgestellt hätte, denn in der Wohnung hat ja alles seine Ordnung und seinen Platz. Wird das heillose Durcheinander von den Überraschten teilweise noch wie betäubt wahrgenommen, so stellen sich bald die schlimmsten Gefühle ein. Wut, dass Fremde es wagen konnten, die private Sphäre zu verletzten und das mühsam erarbeitete Hab und Gut mitzunehmen. Angst, dass die Täter vielleicht wiederkommen könnten und die eigene Wohnung keinen Schutz mehr bietet. Ekel darüber, dass Unterwäsche und Bettzeug von fremden Händen berührt wurden oder dass sich die ungebetenen Gäste an Lebensmitteln bedient, in Keksdosen gegriffen oder aus Flaschen getrunken haben.

Jeder Kriminalbeamte, der Wohnungseinbruchsdiebstähle (WED) bearbeitet, weiß, dass zwar nicht jedes, aber doch ein großer Teil der Opfer langfristig von Ängsten geplagt wird, weil sie ihr Sicherheitsgefühl verloren haben, das ihnen ihr „Castle" gegeben hatte. Sätze wie „Mir klopft seitdem das Herz bis zum Hals, wenn ich meine Wohnungstür aufschließe" sind symptomatisch und so oder so ähnlich von vielen Einbruchsopfern geäußert. Diese Ängste können lang anhaltend sein und oft genug traumatisieren sie die Opfer so, dass ärztliche oder psychologische Behandlungen nötig werden. Für manchen Betroffenen hat das Wohlfühlen in der eigenen Wohnung langfristig ein Ende und jedem Geräusch, ob bei Tag oder bei Nacht, wird nun eine gefahrvolle Bedeutung beigemessen. Viele Opfer berichten, dass sie nach der Tat große Mengen an Kleidungsstücken, die von den Tätern angefasst wurden, weggeworfen haben, dass ganze Kühlschrankinhalte dem Müllcontainer übereignet wurden oder dass man aus der langjährig bewohnten Wohnung wegziehen will, weil sich das alte Sicherheitsgefühl nicht mehr einstellt. Natürlich werden auch die materiellen Verluste beklagt, denn nicht selten sind die Ersparnisse eines langen Lebens weg oder der kleine Luxus, auf den man Jahre gespart hat, ist ersatzlos verschwunden. Aber wer als Nichtbetroffener meint, es sei ja alles nicht so schlimm, weil die Versicherung ja schließlich den Schaden bezahlt, der unterschätzt den seelischen Schaden, den ein WED für die Opfer mit sich bringt. Und auch die materielle Schädigung erfährt oft keinen Ausgleich, denn längst nicht jeder Wohnungsinhaber ist hausratversichert und auch die, die versichert sind, bleiben nicht selten auf einem großen Teil des Schadens sitzen, weil sie keine Nachweise über ihr Eigentum erbringen können oder die irgendwann einmal abgeschlossenen Versicherungen nicht einem gestiegenen Hausratwert angepasst wurde . Und selbst die beste Versicherung hilft nicht, wenn mit dem Diebstahl des Eheringes des verstorbenen Ehemannes ein unersetzliches Erinnerungsstück auf Nimmerwiedersehen verloren ist.

Das Thema „Wohnungseinbruch" hat wegen der dargestellten Wirkungen auf die Opfer und die übrige Bevölkerung, die das Phänomen wahrnimmt, in den letzten Jahren eine beachtliche innenpolitische Dimension gewonnen. Auch in den Massenmedien nimmt das Angstdelikt Wohnungseinbruch großen Raum ein. Bundesweit nehmen sich die Innenministerien und die Polizeien, aber auch andere Träger der inneren Sicherheit des Themas an. Zeugnisse dafür sind etwa in Nordrhein-Westfalen nicht nur die vielfältigen polizeilichen Strategiekonzepte der Kreispolizeibehörden zur Bekämpfung dieser Kriminalität, sondern aktuell auch die Kampagne „Riegel vor" des Innenministeriums, in der mit großer Öffentlichkeitswirksamkeit der Kampf gegen das Eindringen in die Privatsphäre betrieben und publiziert wird. In dem im Oktober 2011 vorgestellten Aktionspaket werden die Polizei als Sicherheitsorgan wie auch die Bürger als Wächter ihrer Nachbarschaft zu besonderen Anstrengungen aufgerufen.

Dien nachfolgenden Betrachtungen zum Wohnungseinbruch speisen sich aus mehreren Quellen. So werden die Ergebnisse aktueller, aber auch herausragender älterer Untersuchungen zu diesem Thema vorgestellt. Neben dieser bereits vorhandenen Forschung werden die Resultate zweier eigener empirischer Untersuchungen vorgestellt. Zunächst werden im Rahmen einer kleineren Befragung mit 300 Probanden Aspekte beleuchtet, über die die Kriminalstatistiken keine Auskunft geben, namentlich Kenntnisse über Tatzeiten und Vandalismus beim Einbruch, Viktimisierungserwartungen sowie die Absicherung der Betroffenen durch Einbruchsversicherungen. Eine zweite, deutlich umfassendere Untersuchung betrachtet im Rahmen einer Auswertung mehrerer hundert staatsanwaltschaftlicher Akten zu Einbruchsdiebstählen die Phänomenologie dieses Delikts sowie die Strafverfolgungspraxis von Polizei, Staatsanwaltschaft und Gericht bei Wohnungseinbrüchen. Dabei sollen sowohl die angewandten Maßnahmen wie auch deren Effizienz in den Fokus gerückt werden. Im Groben richtet sich die Aktenanalyse auf folgende Fragen:

- Welche phänomenologischen Erkenntnisse lassen sich zu diesem Delikt gewinnen?
- Wie gestaltet sich die Verfolgung von Wohnungseinbrüchen durch die Polizei, wo sind ihre Möglichkeiten, wo ihre Grenzen?

- Welche Beweismittel kommen im Ermittlungsverfahren zum Tragen und welche sind bedeutungslos?
- Welches Maß hat die Differenz zwischen „polizeilicher Aufklärung" beim WED und den Anklage- und Verurteilungsquoten in diesem Deliktsbereich und woraus erklärt sich eine solche Differenz?

Das vorliegende Buch ist aus einer Anfang 2012 fertig gestellten Masterarbeit zum Thema „Wohnungseinbruch" hervorgegangen und stellt eine inhaltliche Erweiterung dieser Abschlussarbeit dar, die aus formalen Gründen auf weniger als 100 Seiten Platz finden musste. Die Arbeit wurde im Rahmen des Studienganges „Kriminologie und Polizeiwissenschaft" an der Ruhr-Universität Bochum erstellt.

Die Entscheidung für den „Wohnungseinbruch" als Masterarbeitsthema ist nicht spontan gefallen. Da der Verfasser als Beamter der Essener Kriminalpolizei seit Jahren Einbruchsdiebstähle bearbeitet, bestand zunächst der dringende Wunsch nach anderen Ufern aufzubrechen und sich einem Thema zu widmen, das der täglichen Routine möglichst fern ist. Die gedankliche Auseinandersetzung mit dem Grenzen und Defiziten der Fallbearbeitung wie auch die Chance, durch neue Erkenntnisse Verbesserungsmöglichkeiten zur Verfolgung der „Brüche" zu gewinnen, hat die Waage aber schließlich in Richtung WED kippen lassen.

Welche Entwicklung hat der Wohnungseinbruch genommen? Hier noch eine kleine geschichtliche Betrachtung.

Wohnungseinbruch dürfte eines der ältesten Delikte sein, die die Menschheit kennt. Schon in fränkischer Zeit wurde der Einbruchsdiebstahl stärker bestraft als der einfache Diebstahl. Wer bei einem Einbruch erwischt wurde, war damals ein Fall für den Galgen, selbst wenn er noch nichts weggenommen hatte.[1] In seiner Arbeit „Practisches Lehrbuch der Criminal-Polizei" stellt Stieber schon 1860 fest, dass der Wohnungseinbrecher sich aus Gründen der Unauffälligkeit anständig kleidet und sein Diebeswerkzeug „bestehend aus einem Brecheisen, den Nachschlüsseln (Schränkzeug), Centrumbohrer, Stichsäge" und anderem sorgfältig am Leib versteckt. Der Wohnungseinbrecher bevorzugte schon vor 150 Jahren die Stunden, „wo das Publicum die Wohnungen zu verlassen pflegt" und bevorzugte Beute waren auch seinerzeit „Geld, Gold und Silbersachen".[2] Allerdings stellten damals auch Kleidungsstücke begehrte Beutestücke dar, da diese im Verhältnis zum Verdienst der Menschen ungleich teurer waren als heute. Eine deutliche Verlagerung zu den Beutegütern Kleidung und Lebensmittel konnte man auch noch einmal in der Zeit nach dem 2. Weltkrieg beobachten, als Bargeld weitgehend wertlos war. Ein Kriminalbeamter aus dieser Zeit stellte fest: „Nahrungsmittel waren die eigentliche Währung der Nachkriegszeit".[3]

---

[1] Kriminalmuseum Rothenburg, S. 302
[2] Stieber, S. 98
[3] Kawelovski, S. 285

Einen Einblick in Wandel und Kontinuität dieses Deliktes gibt das Polizeihandbuch des Dresdener Staatsanwaltes Erich Wulffen aus dem Jahr 1905, in dem phänomenologische wie auch polizeiliche Bearbeitungsaspekte der damaligen Zeit beschrieben werden:

„Bei einem Einbruchsdiebstahl (...) beobachtet man genau die Art des Einbruchs, nehme alle von dem Diebe zurückgelassenen Gegenstände, auch wenn sie noch so unscheinbar sind, an sich, nehme eventuell Abdrücke von den Spuren der verwendeten Werkzeuge, Abdrücke von Fußspuren und photographiere die auf festem Boden hinterlassenen Spuren von Fußtritten oder Hand- resp. Fingerabdrücken (...). Weiter wird man aus den Vorbereitungen, aus dem zielbewussten und sicheren Vorgehen des Diebes ersehen können, ob er ein „alter Praktikus" oder ein Neuling ist, der planlos „gearbeitet" hat. Endlich richte man sein Augenmerk darauf, ob bei Erbrechen von Behältnissen, Türen usw. eine gewisse Kunstfertigkeit vorliegt oder ob der Täter bei seiner Arbeit sozusagen „gewürgt" hat. Im ersten Falle hat man es mit einem gewiegten Einbrecher oder einem Schlosser, Bauhandwerker usw. zu tun, im letzteren Falle mit einem Neuling (...).

Unter „Schränkzeug" versteht der Einbrecher (Schränker) einen Satz von 28 Dietrichen, welche aus zumeist starkem Eisendraht hergestellten einfachen und Doppelhaken bestehen, die ihre bestimmten Formen und ihre bestimmten Namen haben (...).

Weiter werden der schon genannte Drillbohrer zur Anbringung von kleineren Löchern und das Stemmeisen sowie der sogenannte Stechbeutel dazu verwendet, einen innen steckenden Schlüssel herumzudrehen und herauszustoßen, damit für den Dietrich Platz wird. Zur weiteren Ausrüstung dient dem Einbrecher dann noch die elektrische Taschenlaterne oder ein mit phosphoreszierender Flüssigkeit gefülltes Fläschchen als Leuchter, oft aber auch bloß ein Licht.

(...) Der erfahrene Dieb sichert sich öfter bei seiner „Arbeit" vor Ueberraschungen; er verbarrikadiert das Fenster oder die Türe, damit er, wenn ein Unberufener kommt, die Flucht ergreifen kann, ehe das Hindernis beseitigt ist. Auch hält sich ein Praktikus im Diebeshandwerk gern einen zweiten Fluchtausgang bereit. Der Einbrecher steigt auch über Dächer in das Haus ein, das er dann auf demselben Wege wieder verlässt. Bei rätselhaften und unerklärlichen Einbrüchen lasse man diesen Punkt nicht aus dem Auge.

Fensterscheiben drückt der Einbrecher manchmal bei den Mitternachtsschlägen einer nahen Kirchturmuhr oder mit einem Pechpflaster oder mittels eines mit anderem Klebstoff beschmierten Pflasters ein. Die Glasscherben bleiben an dem Pech usw. kleben und verhindern das Abfallen der klirrenden Scherben. Fenstergitter werden an sorgfältig gesuchter fehlerhafter oder defekter (verrosteter) Stelle mit Sägen und Feilen bearbeitet.

(...) Hunde, die bei geplanten Diebstählen den Tätern unangenehm werden können, werden entweder vergiftet oder durch eine läufige Hündin, welche einer der Diebe an der Leine führt, von ihrem Posten weggelockt oder auch dadurch zutraulich gemacht, dass einer der Täter seine Kleider an den Geschlechtsteilen einer läufigen Hündin gerieben hat und sich mit dem Wachthund abgibt (...).
Die sogenannten Aufpasser – Schmiersteher – dienen dem Diebe, um Ueberraschungen während der Arbeit vorzubeugen. Dieb und Aufpasser haben Zeichen mit einander verabredet, welche den Dieb bedeuten, die Arbeit einstweilen einzustellen oder die Flucht zu ergreifen. Die verabredeten Zeichen sind Husten, Lachen, ein bestimmtes Lied singen, einen Namen rufen usw. Doch nicht bloß als Warner arbeiten die Aufpasser, sondern auch als Helfer in der Weise, dass er Vorübergehende, die den Dieb in der Arbeit stören könnten, oder gar Schutzmannspatrouillen, die den ganzen Diebstahl vereiteln können, aufzuhalten oder wegzulocken sucht."[4]

Juristisch hat der Wohnungseinbruchsdiebstahl 1998 eine Aufwertung erfahren. War er bis dahin im § 243 StGB mit einer Strafandrohung von drei Monaten bis zehn Jahren belegt, so folgte die Politik nun der Erkenntnis, dass der WED wegen seiner schädlichen Auswirkungen auf den einzelnen Betroffenen wie auf das öffentliche Sicherheitsgefühl eine Höherbewertung erfahren muss. Der Tatbestand wurde von nun an dem § 244 StGB zugeschlagen, mit einer Strafe von

---

[4] Wulffen, S. 344 ff.

6 Monaten bis 10 Jahren Freiheitsstrafe belegt und durch die Gleichstellung mit dem Bandendiebstahl und dem Diebstahl mit Waffen symbolisch aufgewertet.[5]

2. Was die Statistik nicht verrät – Eine Befragung zum Thema Wohnungseinbruch

2.1 Untersuchungsgegenstand

Vor einer Betrachtung der Erkenntnisse zum Wohnungseinbruch stellt sich die Frage: Was versteht man darunter? Wie grenzt sich der Wohnungseinbruch von anderer Kriminalität ab? Nach Groß und Geerds versteht man unter Einbrüchen „diejenigen Fälle der Wegnahme fremder Sachen, bei denen der Täter besondere Sicherheitseinrichtungen überwinden muß, um an die Beute zu gelangen"[6]. Unmittelbar auf die Wohnung als Einbruchsobjekt stellt die Legaldefinition des § 244 I Nr. 3 StGB ab. Danach verübt einen WED, wer einen Diebstahl begeht,

„bei dem er zur Ausführung der Tat in eine Wohnung einbricht, einsteigt, mit einem falschen Schlüssel oder einem anderen nicht zur ordnungsgemäßen Öffnung bestimmten Werkzeug eindringt oder sich in der Wohnung verborgen hält"[7].

Diese Definition soll bei den weiteren Betrachtungen zugrunde gelegt werden. Wo einzelne Elemente dieser Begriffserklärung Probleme bieten, sollen an geeigneter Stelle Betrachtungen vorgenommen werden.

In den Medien werden jährlich zur Jahresmitte hin die Vorjahreszahlen der PKS veröffentlicht. Dabei werden in den Printmedien wie auch in Rundfunk und Fernsehen nicht nur die Größenordnungen der Kriminalität und ihre Strukturen vorgestellt, sondern auch die Aufklärungsquoten, die als Gradmesser polizeilichen Arbeitserfolges verstanden werden. Doch meinen Polizei und Bürger dasselbe, wenn sie davon sprechen, dass eine Straftat aufgeklärt wurde? Es muss angenommen werden, dass das Alltagsverständnis vom „Tataufklären" in der Bevölkerung ein anderes ist als das Verständnis der Polizei. Die polizeiliche Definition der Tataufklärung orientiert sich an den bürokratischen Inhalten der PKS-Richtlinien. Diese legen fest:

„Aufgeklärter Fall ist die Straftat, die nach dem polizeilichen Ermittlungsergebnis ein mindestens namentlich bekannter oder auf frischer Tat ergriffener Tatverdächtiger begangen hat"[8].

In der Praxis wird diese Bestimmung so ausgelegt, dass es genügt, wenn sich im polizeilichen Ermittlungsverfahren ein Verdacht gegen eine Person auftut

---

[5] Lexetius.com, o. S., und Verlag Deutsche Polizei, Bu 2-1, S. 95
[6] Groß / Geerds, S. 220
[7] Verlag Deutsche Polizei, Bu 2-1, S. 95 (StGB § 244, i. d. Fassung v. 2.10.2009)
[8] Verlag Deutsche Polizei, Bu 54-3, S. 3 (Richtlinien für die Führung der Polizeilichen Kriminalstatistik i. d. Fassung v. 1.1.2008)

und dieser Verdacht bis zur Abgabe des Verfahrens an die Staatsanwaltschaft nicht widerlegt ist. Der polizeiliche Anspruch an die Beweislage ist dabei oft äußerst niederschwellig und weit davon entfernt, für eine rechtskräftige Verurteilung des Verdächtigen auszureichen. Die Aufklärungsquote ist für die polizeiliche Kriminalitätsbekämpfung der Gradmesser des Erfolges. Die Aufklärungsquote ist damit als Indikator für Erfolg oder Misserfolg polizeilicher Arbeit interessensabhängig und damit der Gefahr der Manipulation ausgesetzt. Die Frage, der nachfolgend nachgegangen werden soll, ist, ob sich das Verständnis von einer „Tataufklärung" im Sinne der PKS-Richtlinien mit dem Verständnis der Bürger deckt oder ob die Sichtweisen möglicherweise deutlich voneinander abweichen.

Weiterhin sollen die Fragen beantwortet werden, zu welcher Tageszeit die Begehung von Wohnungseinbrüchen vermutet wird und für wie groß man die Wahrscheinlichkeit hält, selbst als Einbruchsopfer viktimisiert zu werden. Auch geht es um die Prüfung, wie weit Versicherungen gegen Einbruch in der Bevölkerung verbreitet sind und inwieweit ausreichende Deckung gegen mögliche Schäden besteht. Und schließlich wird die Frage gestellt, wie verbreitet nach Einschätzung der Bevölkerung der Vandalismus bei Wohnungseinbrüchen ist.

2.2 Methodik der Untersuchung

Die dargestellten Fragestellungen (konkrete Fragen s. im Fragebogen – Anhang 2) sollten im Rahmen einer Fragebogenaktion zunächst 500 Personen zur Beantwortung vorgelegt werden. Es wurde allerdings schnell deutlich, dass dieses Ziel unter den Bedingungen, unter denen die Befragung stattfinden sollte, in der gegebenen Zeit nicht zu erreichen sein würde. Daher wurde die Zahl der Befragten auf 300 Personen reduziert. Der Idealfall wäre für eine auf die Gesamtgesellschaft verallgemeinerbare Aussagekraft der erfragten Ergebnisse eine Vollerhebung bzw. eine Zufallsstichprobe[9] aus der Gesamtheit aller Bürger gewesen. Beides ist im Rahmen eines Projektes wie der vorliegenden Masterarbeit selbst auf der Ebene einer einzigen Stadt schon nicht leistbar. Um die Befragung aber zumindest annäherungsweise in Richtung einer Repräsentativität zu lenken, wurde eine Quotenauswahl der Befragten vorgenommen. Dabei ist unter eine Quote eine Merkmalsverteilung zu verstehen, die der Verteilung in einer Grundgesamtheit – hier: der deutschen Bevölkerung – entspricht[10]. Zu diesem Zweck wurden zunächst aus dem Datenbestand des Statistischen Jahrbuchs des Statistischen Bundesamts die Quoten

- der Geschlechter,
- der Altersgruppen,
- der Nationalität (Deutsch / Nichtdeutsch),
- des Familienstandes

---

[9] Schnell et al., S. 304
[10] Diekmann, S. 390 f.

9

und aus dem Datenbestand des Bundesministeriums für Bildung

- des Schulabschlusses

ermittelt und zahlenmäßig auf 300 Probanden umgelegt. Die Quotierung beschränkte sich allerdings auf diese Oberkategorien. Eine Quotierung von Subkategorien, etwa eine Unterteilung der Altersgruppen nach Schulabschlüssen oder der Geschlechter nach Nationalität, war nicht leistbar. Nach Abschluss der Quotenbildung wurden standardisierte[11] Fragebögen im „Schneeballverfahren" verteilt, das heißt, es wurden Fragebögen in großer Zahl an Personen aus dem persönlichen Umfeld des Autors verteilt, die zum Teil an weitere, dem Autor nicht bekannte Personen weitergereicht werden sollten. Eine Weitergabe von Bögen an Personen aus dem beruflichen Umfeld des Autors wurde vermieden, um eine Ergebnis verzerrende Selektion hin zu besonders sachkundigen Probanden zu vermeiden. Dieses Verfahren sollte solange betrieben werden bis alle Quoten aller Kategorien erfüllt sein würden. Dabei sollten Fragebögen, in denen Angaben zu den persönlichen Merkmalen vergessen oder verweigert wurden, nicht berücksichtigt werden. Berücksichtigt werden sollten allerdings Bögen, in denen einzelne oder mehrere Fragen zum Wohnungseinbruch nicht beantwortet worden sind. Wenn eine der Quoten erfüllt sein würde, sollten auch solche Bögen, die zu einer Überhöhung einer solchen Quote führen würden, nicht mehr berücksichtigt werden. So wurden etwa nachdem die Quote der Personen mit Fachhochschul- oder Hochschulreife erfüllt war, Bögen weiterer Personen mit diesem Bildungsgrad nicht mehr im Ergebnis berücksichtigt, sondern weggelegt. In der beschriebenen Weise wurde dann auch verfahren. Dabei wurde nicht die Ausgabe einer bestimmten Zahl von Bögen mit der anschließenden Berechnung eines Rücklaufes / Nichtrücklaufes angestrebt, sondern Ziel war, solange Fragebögen zu verteilen, bis die genannten Quoten mit 300 Personen erfüllt sein würden. So kam es schließlich nach Ausgabe von rund 600 Bögen zum Rücklauf von 430 Fragebögen, von denen 130 nicht berücksichtigt wurden, weil sie eine oder mehrere der genannten Quoten überfüllt hätten. Trotz dieser Steuerung ist es bis zum Schluss nicht gelungen, bei den Bildungsständen die Quoten einzuhalten. So wurde nur eine einzige Person gefunden, die in ihrem Fragebogen angekreuzt hatte, ohne Schulabschluss oder mit Sonderschulabschluss zu sein. Da die Erfüllung der anderen Quoten allerdings von der Berücksichtigung von 300 Fragebögen abhing – sonst wäre es hier zu Unterschreitung der Quoten gekommen – wurden hinsichtlich der Schulbildung schließlich auch eine Überquotierung der Volks- und Hauptschulabschlüsse sowie der Mittleren Reife zugelassen. Eine Überquotierung von Befragten mit Hochschul- und Fachhochschulreife wurde vermieden, da diese Schulabschlüsse einem Nicht- oder Sonderschulabschluss qualitativ am fernsten erschienen. So musste letztlich eine verzerrende, die Verwertung stark beeinträchtigende Zusammenstellung der Schulabschlüsse in Kauf genommen werden. Im Verlaufe der Fragebogenaktion mussten den Multiplikatoren, die die Bögen an (dem Autor nicht bekannte) Dritte weiterreichten, immer engere

---

[11] Nach Atteslander, S. 134, sind unter standardisierten Fragen solche zu verstehen, „deren Antworten in Kategorien zusammengefasst werden, um ihre Vergleichbarkeit herzustellen"

Vorgaben hinsichtlich der zu befragenden Personen gemacht werden, da schon nach kurzer Zeit etwa die Quoten der Personen mit Hochschulreife und auch einige Altersklassen erfüllt waren, so dass diese nicht mehr für die Befragung von Interesse waren. Diese Ansteuerung von Probanden mit immer spezielleren Profilen war die größte Herausforderung und das größte Problem dieser Untersuchung. Es konnte, wie bereits festgestellt, hinsichtlich der Schulabschlüsse nicht vollständig gelöst werden.

Die Fragebögen waren in zwei Stufen mit je zehn Probanden, die nicht zu den später Befragten gehörten, einem Pretest unterworfen. Dabei zeigte sich, dass vor allem bei den Fragen nach „Tataufklärungen" und „Vandalismus" Präzisierungen und Anpassungen der Fragen erforderlich waren, um die Validität der Antworten sicherzustellen. Eine Verallgemeinerbarkeit der erzielten Ergebnisse ist summa summarum schwierig, da durch die Nichtberücksichtigung von Subkategorien und das zum Teil gezielte Ansteuern von Gruppen zur Erfüllung der Quoten – etwa eines englischsprachigen „Social Clubs" und eines islamischen Vereins zur Erfüllung der Ausländerquote – eine Selektivität in der Auswahl der Befragten zum Tragen kam. Die Ergebnisse der Umfrage sollen daher lediglich als grobe Anhaltspunkte für die befragten Hauptkategorien dienen.

2.3 Ergebnis der Befragung

Nachfolgend seien die Antworten der 300 Befragten dargestellt. Die genauen Fragestellungen und Antwortalternativen sind dem Fragebogen im Anhang 3 zu entnehmen.

Hypothese: Die Vorstellung in der Bevölkerung von einer „aufgeklärten Straftat" deckt sich nicht mit der polizeilichen Definition

---

Den Befragten wurde die Frage nach ihrer Definition von einer „aufgeklärten Tat" gestellt, um festzustellen, ob sich die polizeiliche Definition mit der allgemeinen Ansicht von einer „Aufklärung" in der Bevölkerung deckt. Dabei wurden folgende Antwortalternativen angeboten:

- Eine Tat ist geklärt, wenn die Polizei einen Verdächtigen ermittelt und für den Täter hält;
- der Verdächtige muss mindestens vor Gericht gestellt werden;
- der Verdächtige muss vom Gericht verurteilt werden.

In einer vierten Alternative wurde den Befragten die Möglichkeit geboten, eine eigene Definition anzubieten. Im Ergebnis waren lediglich 10 %[12] der Befragten

---

[12] In der vorliegenden Arbeit wurden Dezimalstellen von Prozentzahlen überwiegend auf ganze Zahlen

der Ansicht, dass ein polizeilicher Verdacht genügt, allerdings meinten dies fast
doppelt so viele

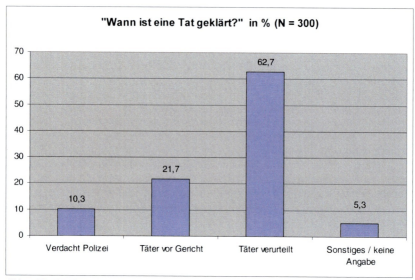

"Wann ist eine Tat geklärt?" in % (N = 300)

Abb. 1 (Quelle: Eigene Erhebung)

Frauen wie Männer. Knapp 22 % waren der Auffassung, dass ein Verdächtiger
mindestens vor Gericht gestellt werden muss, damit von einer Tatklärung die
Rede sein kann. Weitere 63 % vertraten die Ansicht, dass der Verdächtige
sogar verurteilt werden müsse. Allerdings vertraten diesen hohen Maßstab für
das Prädikat „Tataufklärung" deutlich mehr Männer als Frauen. Lediglich 5 %
boten eine eigene Definition an bzw. machten zu dieser Frage keine Angaben
(Abb. 1).

Unter den selbstformulierten Definitionen war zweimal die Variante des
„Verurteilt-werden-müssens" um die Forderung ergänzt, dass auch der Verbleib
der Beute bekannt sein müsse, ob eine Tat als geklärt zu bezeichnen. Die
übrigen Eigendefinitionen ließen sich unter die Varianten „vor Gericht gestellt"
bzw. „verurteilt" subsumieren und waren lediglich in andere Worte gekleidet als
die festen Antwortvorgaben. Damit deckte sich die Vorstellung in der Bevölkerung von einer Tataufklärung ganz überwiegend nicht mit der polizeilichen
Definition, sondern es wurden deutlich höhere Ansprüche an den Beweisgehalt
einer aufgeklärten Tat gestellt.

---

aufgerundet. Nur dort, wo Dezimalwerte für bedeutsam gehalten wurden, wurden sie – allerdings
dann jeweils in kompletten Datenkomplexen einheitlich - belassen

Hypothese: Über die Tageszeit, zu der Wohnungseinbrüche begangen werden, herrschen überwiegend falsche Vorstellungen

77 % aller Befragten antworteten, dass WED überwiegend tagsüber (zwischen 6.00 h und 22.00 h) begangen werden. 22 % hielten die Nachtzeit für die Arbeitszeit der Wohnungseinbrecher. 1 % der Befragten ließ die Frage unbeantwortet (Abb. 2). Zwischen Männern und Frauen gab es bei dieser Einschätzung lediglich einen unbedeutenden Unterschied von einem Prozent. Damit herrschte unter den Befragten mehrheitlich keine falsche Vorstellung von den WED-Tatzeiten (s. Abschnitt 3.3.5).

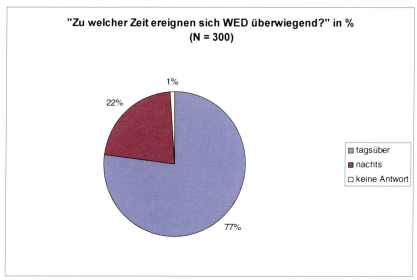

"Zu welcher Zeit ereignen sich WED überwiegend?" in %
(N = 300)

1%
22%
77%

- tagsüber
- nachts
- keine Antwort

Abb. 2 (Quelle: Eigene Erhebung)

Hypothese: Die Wahrscheinlichkeit, selbst Opfer eines WEDs zu werden, wird mehrheitlich als gering oder ganz unwahrscheinlich eingestuft

Mit einer weiteren Frage wurde erforscht, für wie groß die Befragten die Wahrscheinlichkeit halten, zukünftig selbst Opfer eines WED zu werden. Angeboten wurden die Antwortalternativen

- „Ich glaube gar nicht, dass mir das passiert";
- „Ich halte die Wahrscheinlichkeit für gering";
- „Ich halte die Wahrscheinlichkeit für groß" und
- „Ich rechne fest damit, dass mir das auch mal passiert".

13

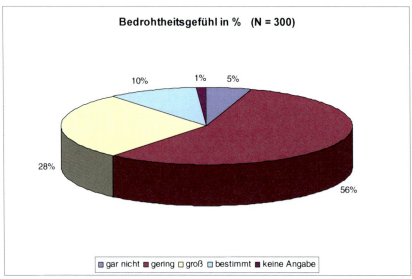

Bedrohtheitsgefühl in % (N = 300)

10%   1%   5%

28%

56%

☐ gar nicht ■ gering ☐ groß ☐ bestimmt ■ keine Angabe

Abb. 3 (Quelle: Eigene Erhebung)

Lediglich 5 % der Befragten glaubten gar nicht, dass sie einem WED zum Opfer fallen könnten, 56 % sahen die Wahrscheinlichkeit als gering, 28 % als hoch an. Weitere 10 % rechneten fest damit, Einbruchsopfer zu werden und 1 % machte keine Angaben (Abb. 3). Entgegen gängigen Klischees zeigten Frauen keine höhere Sorge, einem Einbruch zum Opfer zu fallen als Männer. Damit hatte eine Mehrheit von über 60 % der Befragten keine oder eine geringe Viktimisierungserwartung.

Hypothese: Die Mehrheit der Befragten ist gegen Einbruchsdiebstahl versichert

233 der 300 Befragten (78 %) bejahten die Frage, ob sie gegen Einbruchsdiebstahl versichert sind. Weitere 12 % waren nach eigenem Bekunden unversichert, neun Prozent wussten es nicht und ein Prozent macht keine Angaben (Abb. 4). Damit bestätigte sich die Hypothese, dass in der Bevölkerung mehrheitlich Versicherungen gegen WED bestehen.

Hypothese: Einbruchsversicherungen sind mehrheitlich nicht an zunehmende Wertsteigerungen der Haushalte angepasst

14

Die Befragten – folgerichtig nur die *mit* Versicherung - sollten weiterhin zu der Frage Stellung nehmen, ob die Höhe ihrer derzeitigen Versicherungssumme den heutigen Wertverhältnissen im Haushalt angepasst ist. Dabei lauteten die

Abb. 4 (Quelle: Eigene Erhebung)

Antwortalternativen, dass

- der Wert seit Vertragsbeginn nicht mehr gestiegen ist,
- der Wert sich erhöht hat, aber keine Anpassung der Versicherung erfolgt ist,
- der Wert sich erhöht hat und die Versicherung angepasst wurde,
- sich der Wert erhöht hat, aber die Versicherungssumme bei Vertrags-abschluss schon höher war als der damalige Wert, bzw. dass
- nicht bekannt ist, ob Hausratwert und Versicherungssumme noch im Ein-klang sind.

Als Grundgesamtheit wurde bei der Berechnung der folgenden Ergebnisse 238 abgegebene Antworten zu den genannten Alternativen zugrunde gelegt. Das Ergebnis zur Anpassung Hausratwert / Versicherungssumme: 12 % glaubten, dass der Wert ihres Hausrates seit Vertragsbeginn nicht mehr gestiegen ist. 17 % hatten die Versicherung trotz Wertsteigerung nicht angepasst und bei 45 % war der Wert gestiegen, aber der Versicherungsschutz angeglichen worden. Bei weiteren 14 % war die Vertragssumme schon bei Vertragsabschluss höher als der Wert des Hausrates, so dass aktuell keine Unterdeckung bestand. 12 % der Befragten war unbekannt, ob Eigentumswert und Versicherung noch im Ein-klang waren (Abb. 5). Damit ist die obige Hypothese unzutreffend.[13]

---

[13] Allerdings enthält entweder dieses Resultat oder das Ergebnis zur Quote der Einbruchsversicherten

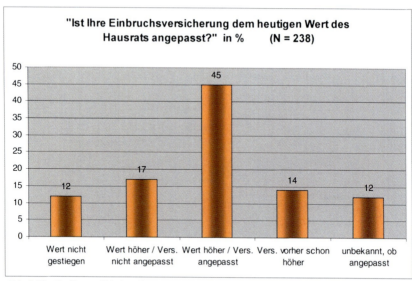

"Ist Ihre Einbruchsversicherung dem heutigen Wert des Hausrats angepasst?" in %   (N = 238)

Abb. 5 (Quelle: Eigene Erhebung)

Hypothese: Die Häufigkeit, in der bei Einbrüchen Vandalismus geübt wird, wird überschätzt

Polizeibeamten begegnet im Gespräch mit Bürgern häufig die Vorstellung, dass der Vandalismus, das mutwillige und sinnlose Zerstören und Verunstalten von Wertsachen und Wohnungen über das notwendige Maß der Tatausübung hinaus, ein häufiger Begleiter des WED sei. Nicht selten ist dabei auch die Auffassung zu hören, dass man durch Auslegen von Ködern, etwa von Geldbörsen mit mittleren Geldbeträgen, die Suche der Einbrecher nach höheren Sachwerten vermeiden könne und dass man die Täter damit insbesondere von vandalistischen Frust- und Rachehandlungen aus Enttäuschung über mangelnde Beute abhalten könne und müsse.

Lediglich 14 % der 300 Befragten glaubten, dass die Vandalismusfälle bei WED maximal 10 % ausmachen. 58 % schätzten, dass mehr als 10 % bis hin zur Hälfte aller Fälle von Vandalismus begleitet sind, und immerhin jeder Fünfte (21 %) meinte, dass die Vandalismusrate mehr als 50 % aller WED ausmachen würde. Lediglich 8 % hatten zur Einschätzung des Vandalismusanteils ent-

---

einen Fehleranteil von mindestens zwei Prozent, da nur 233 Personen angaben, gegen Einbruch versichert zu sein, aber 238 Angaben zu den derzeitigen Modalitäten ihrer Versicherung machten. Damit haben mindestens fünf Befragte zur Existenz einer Versicherung oder aber zu der Wertanpassung fehlerhafte Angaben gemacht, da sich die Angabe „keine Versicherung" und anschließende Angaben zu einer Versicherung ausschließen

16

weder keine eigene Meinung oder machten keine Angaben (Abb. 6). Zwischen Männern und Frauen gab es in den Ergebnissen übrigens auch hier keinen bedeutsamen Unterschied. Bei den Männern glaubte lediglich ein Prozent der Befragten mehr, dass die Vandalismusfälle 50 oder mehr Prozent aller Wohnungseinbrüche ausmachen. Damit waren rund 80 % der Befragten der Ansicht, dass der Vandalismus in 10 – 80 % aller WED vorkommt. Dass diese populäre Annahme fehl geht, wird in Abschnitt 3.3.1 belegt.

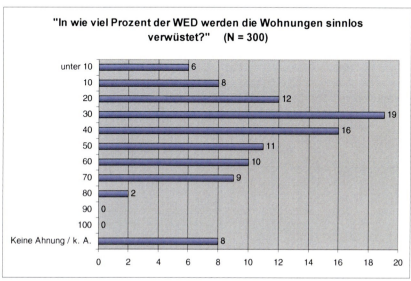

Abb. 6 (Quelle: Eigene Erhebung)

3. Phänomenologie und staatliche Verfolgung des Wohnungseinbruchs

3.1 Betrachtungsgegenstand und Einbruchs-Theorien

3.1.1 Betrachtungsgegenstand und vorhandene Forschung

Untersuchungsgegenstand der nachfolgenden Untersuchung ist der Wohnungseinbruch. Zum einen wird seine Phänomenologie, namentlich Tat, Tatobjekte, Täter und ihre Arbeitsweisen, Opfer sowie die Tatbeute betrachtet. Die zweite Säule der Untersuchung ist die Analyse der Bearbeitung von Wohnungseinbrüchen durch die Polizei, die Staatsanwaltschaft und die Gerichte. Bezüglich der polizeilichen Arbeit sind die von ihr getroffenen Maßnahmen, die gesicherten Tatspuren und die Umstände von Täterfestnahmen von Interesse.

Staatsanwaltschaft und Gerichte werden auf ihre Erledigungs- und Sanktions-praxis untersucht.

Eine bei vergleichbaren Arbeiten häufig verwendete Vorgehensweise ist die Unterteilung der Arbeit in einem theoretischen und einen die eigene empirische Untersuchung darstellenden Teil. Vom Verfasser wurde hier eine andere Me-thode der Darstellung gewählt. Die verschiedenen Teilthemen der Untersu-chung setzen sich jeweils aus einem

- Überblick über den Stand der bisherigen Forschung und Praxiserkennt-nisse (Überschrift „Forschung und Praxis") und
- die Darstellung der eigenen Untersuchung (Überschrift „Die Ruhrgebiets-Untersuchung") zusammen.

Diese Vorgehensweise bietet den Vorteil, bereits vorhandene wissenschaftliche Erkenntnisse und neue, aus der vorliegenden Untersuchung gewonnene un-mittelbar miteinander vergleichen zu können. Die eigene Untersuchung wird dort, wo auf sie benannt werden muss, als „Ruhrgebiets-Untersuchung" be-zeichnet. Diese Bezeichnung möge mit Blick auf die Beschränkung des Unter-suchungsgebietes auf einen kleinen Teil des Ruhrgebietes nicht als Großspu-rigkeit gewertet werden, sondern nur als Versuch, die Studie von bisherigen begrifflich unterscheidbar zu machen.

Zum vorhandenen Stand der Forschung wurde eine Vielzahl von Quellen aus-gewertet. Exemplarisch erwähnt seien hier einige umfangreichere oder gehalt-vollere Untersuchungen, die sich methodisch als Täter-, Opfer oder Experten-befragungen bzw. Fall- und Aktenauswertungen darstellen.

Krainz befragte in einer 1988 vorgestellten Untersuchung im österreichischen Graz 111 Einbrecher, 17 Kriminalbeamte, 11 Versicherungsexperten und 5 Ein-bruchsopfer nach ihren Kenntnissen zum WED und stellte mehr als 260 Einzel-aspekte zum Thema zusammen. Typologisch unterteilte er die Täter in Plan- und Spontantäter[14]. Bemerkenswert erscheint an dieser aufschlussreichen Arbeit u. a., dass die Vorstellung der Polizeibeamten von den Denkweisen der Täter zum Teil erheblich von den bei den Einbrechern gewonnenen Erkennt-nissen abweichen.

179 Befragungen von Einbrechern führten *Rehm* und *Servay* 1989 in fünf verschiedenen Bundesländern durch. Erfragt wurden neben biografischen Daten etwa die Tatmotivationen, aber auch Aspekte der Tatplanung und –aus-führung, des Verhaltens bei Tatstörungen und des Beuteabsatzes.

In einer 1993 vorgestellten Arbeit von *Deusinger* wurden 20 Einbrecher zwi-schen 16 und 23 Jahren sowie eine Kontrollgruppe aus 42 erfahrenen Polizeibeamten und „Normalbürgern" zum Thema Einbruch befragt. Sie richtete ihren Blick dabei wesentlich auf die „Anmutungsqualität", d. h. die Einbruchs-

---

[14] Krainz, S. 14

attraktivität der Tatobjekte. Interessant erscheinen hier u. a. auch die zum Teil sehr unterschiedlichen Einschätzungen der drei Probandengruppen zu gleichen Fragestellungen.

Deegener erforschte Mitte der 90er Jahre in Zusammenarbeit mit der Opfer-hilfeorganisation „Weißer Ring" und dem Polizeipräsidium Darmstadt die psychischen Folgen von Einbruchsopfern. Dazu wurden allen 716 Opfern von Wohnungseinbrüchen eines Jahres in Darmstadt und dem Landkreis Darm-stadt-Dieburg Fragebögen zugesandt.

Durch die Polizei im Kreis Lippe wurden 1997 / 1998 von Weicht alle 411 WED phänomenologisch untersucht.

Eine Untersuchung für Köln mit einem Schwerpunkt auf der Betrachtung der Einbruchsobjekte und ihrer Sicherung führten 2001 *Fischer* und *Köhler* durch. 2006 wurde die Untersuchung wiederholt.

In seiner 2002 veröffentlichten Dissertation „Brechen und Knacken" befasste sich *Müller-Monning* mit der Soziologie des Einbrechers. In einer kleineren Zahl von Interviews ging Müller-Monning akribisch auf Werdegänge von Einbre-chern, aber auch auf ihre Vorgehensweisen und Einstellungen zu „ihrem" Delikt ein.

Wernitznig untersuchte in ihrer ebenfalls 2002 veröffentlichten Dissertation 168 staatsanwaltschaftliche Akten jugendlicher und Heranwachsender TV auf Tat-merkmale, Tatbeteiligte und die Reaktionen der Sanktionsinstanzen. Die Unter-suchung ist in hohem Maße juristisch gegliedert und geprägt. Mit der Analyse der Arbeit der Kontrollinstanzen rund um den Wohnungseinbruch scheint diese Doktorarbeit eine Monopolstellung unter den Studien einzunehmen.

Die Ergebnisse einer Befragung von 27 Einbrechern zu einbruchspräventiven Aspekten, die von der Stiftung „Deutsches Forum für Kriminalprävention" in Auftrag gegeben und unter der Federführung von *Prof. Feltes* an der Ruhr-Universität Bochum durchgeführt wurde, wurde 2004 vorgestellt. Ein wichtiger Aspekt dieser Untersuchung war u. a. die Erhebung von Informationen zur Ob-jektauswahl der Täter.

Ebenfalls 2004 wurde von *Tseloni et al.* ein supranationaler Vergleich der Wohnungseinbrüche der USA, England, Wales und der Niederlande veröffent-licht. Untersucht wurden dabei auf der Basis der Crime Surveys dieser Länder verschiedene Tatort- und Opfermerkmale des WED und deren krimino-restistenter oder fördernder Einfluss auf die Tatbegehung. Im Ergebnis wurde dabei eine erhebliche Heterogenität in den Ergebnissen festgestellt, die zum Teil offenbar auf unterschiedliche Mess- und Zählweisen der Untersuchungen zurückzuführen waren. Allerdings wurden zu einigen Variablen länderüber-greifend Übereinstimmungen festgestellt, die einer Verallgemeinerung zugäng-lich waren.

Die aktuellste Untersuchung zum Wohnungseinbruch stammt aus dem Jahr 2011 und wurde von der Internetplattform *Immobilienscout24* in Auftrag gegeben. Befragt wurden mehrere tausend Personen zu unterschiedlichen Aspekten des Wohnungseinbruchs. Der Untersuchung ermangelt es trotz ihrer hohen Stichprobe allerdings an Repräsentativität, da es sich um eine Studie handelt, die sich mit ihrer Befragung auf Internetnutzer beschränkt.

3.1.2 Wohnungseinbruch im Licht kriminologischer Theorien

Eine eigene Theorie zum Wohnungseinbruch existiert nicht. Die theoretischen Ansätze zur Erklärung dieses Deliktes speisen sich aus unterschiedlichen Theorien, die zum großen Teil auch auf andere Formen der Kriminalität anwendbar sind. Es lässt sich allerdings theoretisch eine Voraussetzungs-Triade erkennen, bei der der Wegfall eines Elementes die Tatbegehung unwahrscheinlich macht oder ausschließt. Die grundlegenden Voraussetzungen für die Begehung eines Wohnungseinbruchs liegen

- im Täter
- im Tatobjekt und
- in der Tatsituation.

Voraussetzungen seitens des *Täters* sind sein Wissen um die Begehung einer solchen Tat und seine Motivation. Ein potentieller Straftäter, der keine Vorstellung davon hat, mit welchen Arbeitstechniken und Werkzeugen er schnell und unauffällig genug in abgeschlossene Räume gelangt wird sich genauso wenig zu einem Wohnungseinbruch entscheiden wie jemand, der gerade über genügend Geld verfügt, das Entdeckungsrisiko für groß oder die Beuteerwartung für klein hält. Er wird sich, wenn die grundsätzliche Bereitschaft zu Straftaten, vor allem Eigentumsdelikten, vorhanden ist, anderen Delikten wie dem Ladendiebstahl oder dem Handtaschenraub zuwenden.

Das zweite Element, das über die Frage entscheidet, ob die Tat stattfindet, ist das *Tatobjekt*. Auch ein motivierter und technisch versierter Wohnungseinbrecher wird die Finger vom Einbruch lassen, wenn das Objekt den Eindruck erweckt, dass es gemessen an seinen handwerklichen Fähigkeiten zu stark abgesichert ist, wenn der Objekteinstieg für eine unbestimmte Zahl von Anwohnern gut einsehbar ist oder das Objekt keine vernünftige Beute erwarten lässt, weil es in einem „armen" Stadtbezirk liegt. Auch schlechte Fluchtmöglichkeiten in der unmittelbaren Umgebung des Objektes können ein Grund dafür sein, die Finger von dem Wohnungseinbruch zu lassen.

Doch auch der kundige Täter mit Tatwillen am geeigneten Objekt wird nicht zuschlagen, wenn die *Tatsituation* Hemmnisse bietet. So stellt er möglicherweise vor Ort fest, dass die Nachbarn in den angrenzenden Häusern aufmerksam sind und schon ein unauffälliges Ausbaldowern des Tatortes nicht möglich ist, weil sich nicht mit Sicherheit klären lässt, ob die Hausbewohner auch tatsächlich abwesend sind, weil zum wiederholten Male die Polizei oder ein Wachdienst durch die Straße fährt oder weil ein Hund im Haus kläfft. Möglicherweise ist dem potentiellen Täter auch klar, dass er optisch so wenig in die Umgebung passt, dass er schon deshalb schnell die Aufmerksamkeit der Nachbarn auf sich ziehen wird.

Diese Darstellung enthält bereits Elemente einiger etablierter Kriminalitätstheorien und lehnt eng an die Routine-Activity-Theorie an, die auf die Bedeutung der vom Täter gesehenen Rahmenbedingungen für die Tat abstellt.[15]

Die Theorie der rationalen Wahl, auch Rational-Choice-Theorie, stellt eine Kosten-Nutzen-Analyse in den Mittelpunkt ihrer Betrachtung. Der Täter, der sich in jedem einzelnen Fall für oder gegen die Ausführung einer Tat entscheiden kann, wird abwägen, ob der Nutzen des Einbruchs (hohe Beuteerwartung, ggf. erhoffter Nervenkitzel) in einem vernünftigen Verhältnis zu den Kosten der Tat steht. Auf der Kostenseite finden sich etwa das Risiko erwischt und vor Gericht gestellt zu werden oder möglicherweise auch der soziale Schaden, den der Täter durch Bekanntwerden seiner Tat erleidet.[16]

Die Theorie der differentiellen Assoziation geht von der Annahme aus, dass kriminelles Verhalten, genauso wie sozial angepasstes Verhalten, in sozialer Interaktion in Kleingruppen erlernt wird. Danach sollen nicht nur die technischen Fertigkeiten, sondern auch die Motivationen und Werthaltungen zur Begehung von Straftaten in einem delinquenten Umfeld erlernt und adaptiert werden.[17] So benötigt derjenige, der einbrechen will, aus seinem Milieu Informationen über den Gebrauch geeigneter Eindringwerkzeuge, über Eindringhemmnisse und die Überwindung von Sicherungstechnik. Er wird möglicherweise erfahren, welche Wertsachen bei Hehlern absetzbar sind und welche nicht oder wie man sich verhält, wenn man von Tatzeugen oder Polizeibeamten überrascht wird. Eine Bereitschaft und damit eine Werteakzeptanz wird der potentielle Einbrecher möglicherweise dadurch erfahren, dass sein Umfeld ihm vermittelt, dass das Vermögen in der Gesellschaft ungerecht verteilt ist oder dass man mit dem Einbruch niemandem schadet, weil ja die Versicherung das Opfer entschädigt. Auch motivational bietet die Differentielle Assoziation eine Erklärung für den Einbruch. So werden nämlich möglicherweise Schilderungen eines geringen Ergreifungsrisikos oder einer undramatischen und milden Verurteilungspraxis der Gerichte die Bereitschaft des Einzelnen fördern, sich mit Wohnungseinbrüchen Geld zu „verdienen". Lerneffekte für potentielle Einbrecher bringt auch der Strafvollzug mit sich[18], da sie hier auf Experten stoßen, die ihr praktisches Wissen weitervermitteln und die Betroffenen anlernen.

---

[15] Deutsches Forum für Kriminalprävention, S. 49 f.
[16] Deutsches Forum für Kriminalprävention, S. 50 f.
[17] Kunz, S. 147 f., und Schwind, S. 124 f.
[18] Deutsches Forum für Kriminalprävention, S. 26

3.2 Methodik der Untersuchung

Die nachfolgend dargestellte quantitative empirische Untersuchung stützte sich auf eine Analyse von staatsanwaltschaftlichen Akten der StA Duisburg zu polizeilich geklärten Wohnungseinbrüchen. Auswahlkriterium waren also Akten zu Wohnungseinbrüchen, die die Polizei nach ihren Vorstellungen als geklärt bezeichnet und als geklärt in die PKS eingestellt hatte. Ziel der Studie war, sämtliche geklärten Wohnungseinbrüche der Städte Oberhausen und Mülheim an der Ruhr sowie des rechtsrheinischen Teils des Landkreises Wesel zu untersuchen, die 2009 als geklärt in die PKS eingespeist wurden. Die räumliche Auswahl des Untersuchungsgebietes ergab sich aus der örtlichen Zuständigkeit der StA Duisburg, die für die genannten Städte und den Teillandkreis zuständig ist. Auf polizeilicher Ebene sind für die genannten Bezirke die Polizeipräsidien Oberhausen und Essen (für Mülheim) sowie der Landrat Wesel als Kreispolizeibehörde zuständig. Von dem Plan, auch die geklärten WED des PP Duisburg zu untersuchen, der ebenfalls zum Zuständigkeitsgebiet der StA Duisburg zählt, wurde nach kurzer Zeit abgesehen, weil schnell deutlich wurde, dass dies zeitlich nicht zu leisten gewesen wäre. Geplant war für die drei Polizeibezirke eine Vollerhebung zu allen 326 polizeilich geklärten Wohnungseinbrüchen, die 2009 statistisch erfasst wurden. Diese Grundgesamtheit konnte jedoch in der Untersuchung nicht vollständig ausgeschöpft werden, da ein kleiner Teil der Akten bis zum Schluss nicht erlangbar war, weil sich Akten entweder im Geschäftsgang befanden oder sich hinter Aktenzeichen andere Fälle verbargen, wie es die korrespondierenden polizeilichen Aktenzeichen anzeigten, so dass eine geringe Zahl von Fällen schlichtweg nicht gefunden wurde. Letztlich konnten Akten zu 303 WED-Fällen erlangt und analysiert werden, was einer Stichprobe von 93 % der Grundgesamtheit entsprach. Die Entscheidung, welche StA ihre Akten für die Auswertung zur Verfügung zu stellen hat, wurde durch das Justizministerium und die Generalstaatsanwaltschaft Düsseldorf getroffen. Der Autor dieser Arbeit hatte hierauf keinen Einfluss. Das Jahr 2009 wurde gewählt, weil zu erwarten war, dass die überwiegende Zahl der Fälle schon durchermittelt und durch StA und Gerichte abgearbeitet sein würde und andererseits noch eine hohe Aktualität der Daten gewährleistet war. Anhand eines umfangreichen Erhebungsrasters (s. Anhang 3) wurden die Akten ausgewertet. Die Daten wurden in eine excel-basierte Datenmatrix mit rund 9000 Datenfeldern übertragen und die nachfolgenden Berechnungen auch in Excel durchgeführt. Analysiert wurden für die Bereiche

- „Phänomenologie des Wohnungseinbruchs",
- „Polizeiliche Bearbeitung von WED" und
- „Verfahrenserledigungen von WED durch StA und Gerichte"

unterschiedliche Variablen mit jeweils unterschiedlichen Zahlen von Merkmalsausprägungen. So wurde im phänomenologischen Bereich etwa die Variable „Täter-Opfer-Beziehung" mit den Merkmalsausprägungen „ohne Täter-Opferbeziehung; „unbekannt"; „Verwandte"; „ehemalige Partner"; „Bekannte"; „Nachbarn" und „Sonstige" untersucht. Zur Variablen „Spurensicherung" etwa wurden die Kategorien „keine Spur", „daktyloskopische Spur", „DNA-Spur", „Schuhspur", „Werkzeugspur" und „Sonstige" gebildet. Dabei wurde darauf geachtet, dass die Variablenkategorien disjunkt und erschöpfend[19] waren. Insgesamt wurden rund 40 Variablen untersucht. Aus der Auswertung der vorhandenen Literatur zum WED und der Erfahrungen des Autors als kriminalpolizeilicher Sachbearbeiter von Einbrüchen wurden Hypothesen entwickelt, die mit der Datenanalyse auf Stichhaltigkeit überprüft wurden. Der Erhebung war ein Pretest mit fünf Akten vorausgegangen, in dem zunächst die möglichen Inhalte des Erhebungsrasters ausgelotet wurden. Der Test diente aber zugleich der Operationalisierung von Variablen, um diese überhaupt erst messbar zu machen. So ist etwa die „Täter-Opfer-Beziehung" ein theoretisches Konstrukt, das vor seiner Mes-sung zunächst einer begrifflichen Begrenzung bedarf.[20]

Hinsichtlich der Datengrundlage der vorliegenden Untersuchung hätte eine Möglichkeit der Untersuchung des Wohnungseinbruchs darin bestanden, die akkumulierten Daten aus verschiedenen Statistiken der Strafrechtspflege zu analysieren. Angeboten hätten sich dabei etwa die Daten aus der Polizeilichen Kriminalstatistik, der Strafverfolgungsstatistik und der Statistik des Strafvollzugs. Hiermit wäre sicherlich eine großräumige, für ganz Deutschland repräsentative Untersuchung durchzuführen gewesen. Dies hätte jedoch einen entscheidenden Nachteil geboten. Die genannten Statistiken sind schon aus Gründen der Zählweisen, aber auch wegen ihrer unterschiedlichen Erfassungszeiträume einer Analyse des Kriminalitätsgeschehens innerhalb eines Jahres kaum zugänglich. So erfasst die PKS 2009 nicht wie man meinen könnte die WED des Jahres 2009, sondern lediglich die, die in jenem Jahr polizeilich zu einem Abschluss gebracht und statistisch erfasst wurden. Die Jahresstatistik enthält damit in nicht geringer Zahl einerseits Fälle, die insbesondere im letzten Quartal 2008 angefallen und erst 2009 in der PKS erfasst wurden. Ihr fehlen andererseits zahlreiche Fälle aus dem Jahr 2009, die aus demselben Grunde erst im Folgejahr 2010 erfasst wurden, da sich die Ermittlungen der Polizei oft über mehrere Monate erstrecken. Die Strafverfolgungsstatistik 2009 enthält wiederum nur Taten, die in jenem Jahr rechtskräftig abgeschlossen wurden bzw. in denen 2009 ein Haftbefehl erlassen wurde. Da zwischen der Erfassung in der PKS und der Erfassung in der Strafverfolgungsstatistik durchschnittlich siebeneinhalb Monate vergehen, besteht in den Fällen beider Statistiken gerade einmal eine Schnittmenge von 40 %.[21] Die hier gewählte Methode einer durchgängigen Betrachtung von WED von der Anzeigenerstattung bis zur staatsanwaltschaftlichen oder sogar gerichtlichen Erledigung bietet eine einwandfreie Vergleichbarkeit des polizeilichen, staatsanwaltschaftlichen und gerichtlichen Fallbestandes.

Eine derartige Betrachtung ließe sich auf breiter Basis und dauerhaft durch eine Verlaufsstatistik verwirklichen, in die alle beteiligten Behörden zu ein und dem-

---

[19] Diekmann, S. 117
[20] Nach Schnell et al., S. 11, wird als Operationalisierung die Angabe bezeichnet, „wie einem theoretischen Begriff beobachtbare Indikatoren zugeordnet werden". Nur so lässt sich die Validität von Daten ermitteln.
[21] Kudlacek et al., S. 23

selben Fall bis zum Verfahrensende ihre Daten einspeisen. Dass sich eine derartige Statistik verwirklichen lässt, zeigt das Beispiel Estlands.[22]

Die Betrachtung behördlich erfasster Fälle leidet zugleich aber – dies soll hier nicht verkannt werden – an der Schwäche, an der alle Hellfelddaten kranken: Sie können die Größenordnungen und Effekte des zweifellos bestehenden Dunkelfeldes nicht berücksichtigen. Welchen Verzerrungen das WED-Volumen in den untersuchten Städten durch die Nichtanzeige von Einbrüchen unterliegt, kann die vorliegende Untersuchung aufgrund ihrer methodischen Vorgehensweise daher nicht klären. Der Wohnungseinbruch scheint schon durch das Erfordernis der Anzeigenerstattung für eine erfolgreiche Schadensabwicklung mit den Einbruchsversicherern ein Delikt mit einer hohen Hellfeldrate zu sein. Gleichwohl dürfte bei nicht versicherten Wohnungsinhabern bzw. bei solchen Opfern, bei denen der Einbruch nur versucht und lediglich geringere Sachschäden an Türen und Fenstern verursacht wurden, ein spürbarer Anteil an Betroffenen sein, die die Umstände einer Anzeigenerstattung gegen deren persönlichen Nutzen in die Wagschale werfen und deshalb die Anzeige unterlassen.

3.3 Phänomenologie des Wohnungseinbruchs

3.3.1 Taten

<u>Forschung und Praxis</u>

Der WED hat bundesweit seit den frühen 90er Jahren einen stetigen und in einzelnen Jahren sogar drastischen, teils fünfstelligen Fallzahlenrückgang erlebt. Während 1993 die Zahl noch einer Viertelmillion angenähert war, wurde 2006 der niedrigste Stand mit 106.000 angezeigten Fällen verzeichnet.[23] Erst seit 2007 steigen die Zahlen in Deutschland wieder an. 2011 wurde mittlerweile wieder in 133.000 Haushalte eingebrochen, im Vorjahr waren es noch 12.000 Fälle weniger gewesen[24]. Während die Fallentwicklung im Kreis Wesel eher dem Bundestrend folgte, bewegten sich die Zahlen in Nordrhein-Westfalen, Mülheim und Oberhausen in diesen 17 Jahren auf einem relativ konstanten Niveau, wobei in allen Untersuchungsgebieten zwischen 2003 und 2008 die Talsohle der Fälle erreicht wurde und danach wieder ein Anstieg stattfand (Abb. 7).

---

[22] Maier, S. 468
[23] Bundeskriminalamt 2009 (PKS); alle nachfolgenden PKS-Zahlen in dieser Arbeit beziehen sich auf das Jahr 2009, sofern nichts anderes erwähnt wird. Das Jahr 2009 wurde zu Lasten einer maximalen Aktualität der Zahlen gewählt, um eine Vergleichbarkeit mit der eigenen WED-Untersuchung zu gewährleisten, die ihre Zahlen aus dem Erfassungszeitraum 2009 schöpft.
[24] Bundeskriminalamt 2010, S. 40 und 178 und BKA 2012, ohne Seitenangabe

1997 kamen auf 1000 Haushalte bundesweit 5,1 Einbrüche, in den Niederlanden hingegen 15,3.[25] Der europäische Mittelwert lag in derselben Zeit bei 12,6.[26] Der langjährige Trend zum Besseren war kein deutsches Privileg. In den 90er Jahren verzeichneten die USA einen Fallrückgang um 32 %. Verantwortlich gemacht wurden hierfür eine stabilisierte Wirtschaftslage, ein zunehmender Gebrauch von Sicherheitseinrichtungen und die Tendenz der Kokain-Konsumenten, eher Raubüberfälle als Einbrüche zu begehen. Die Fallzahlen senkten sich bis 1999 auf 1,4 Mio. Auch der British Crime Survey für England und Wales, ein regelmäßig und mit hohen Befragtenzahlen eingesetztes Instrument, weist für die Zeit von 1991 bis 2009 eine Reduzierung der WED-Zahlen von zwei Dritteln, von 1,8 Mio. kommend auf nunmehr 659.000 Fälle

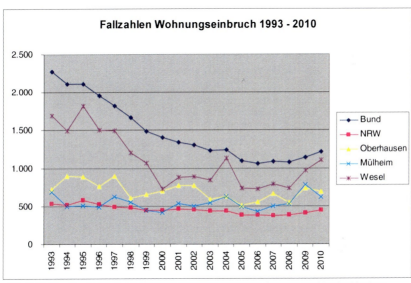

Abb. 7 (Quelle: Sondererhebung Landeskriminalamt NRW; aus Gründen der Vergleichbarkeit
der Fallentwicklungen der einzelnen Gebiete wurden die Zahlen für den Bund und für
NRW auf ein Prozent ihres Bestandes reduziert. Dies bedeutet, dass es in der BRD etwa
1993 einen Bestand von 227.000 WED und in NRW von 53600 WED gab)

aus.[27] Während Hell- wie Dunkelfeldforschung also auf einen drastischen internationalen Rückgang von WED hindeuten, weicht die Vorstellung von der Entwicklung des WED in der Bevölkerung von der objektiven Datenlage stark ab. Parallel zu einem 48-prozentigen Rückgang der Fälle zwischen 1995 und 2005 ging die Öffentlichkeit für dieselbe Zeit von einem Anstieg um 44 % aus.[28] Die Erklärungen für Fallreduktionen sind – wie die für die USA genannten Einfluss-

[25] Kohl 2000, S. 752
[26] Kohl 2001, S. 114
[27] Home Office, S. 80
[28] Windzio, S. 20

faktoren zeigen – vielfältig. Zum Teil werden sie auch gezielten staatlichen Kampagnen im Kampf gegen den WED zugeschrieben. So weist Kohl etwa auf eine Erhebung hin, die einen Zusammenhang zwischen dem niederländischen „Veilig wonen"-Konzept und einem Rückgang der Einbruchszahlen sieht. Im Rahmen des „Veilig wonen" hat die niederländische Regierung Anreize zu einer verbesserten Absicherung von Häusern und Wohnungen geboten. Dies soll dazu geführt haben, dass die Einbruchswahrscheinlichkeit an entsprechend gesicherten Objekten gegenüber deren früherem Zustand um 95 % gesenkt werden konnte.[29]

Kritisch sei hier angemerkt, dass die Fallzahlen auch durch fehlerhafte statistische Erfassungen verzerrt werden. Diese haben häufig mit einer falschen Deliktsbewertung zu tun.

- So werden in vielen Fällen Eindringversuche an Eingangstüren von Mehrfamilienhäusern als versuchte Wohnungseinbrüche klassifiziert. Dabei wird übersehen, dass mit dem Öffnungsversuch aber nicht unbedingt ein Wohnungs-, sondern vielfach auch ein Kellereinbruch beabsichtigt worden sein kann. Hebelspuren an Haustüren geben nun einmal keine Antwort darauf, mit welcher Intention sich der Täter ans Werk begeben hat.

- Bei Einbrüchen, die mit Schlüsseln verübt werden, ist nach § 244 StGB die Frage entscheidend, ob der zur Türöffnung verwendete Schlüssel „falsch" gewesen ist. Dies ist nach durchgängiger höchstrichterlicher Rechtsprechung dann nicht der Fall, wenn er von dem Eigentümer oder berechtigten Besitzer des Schlüssels zum Tatzeitpunkt noch zur Öffnung der Tür bestimmt war. Ist der Schlüssel entwidmet worden – hiervon wird regelmäßig dann ausgegangen, wenn der Schlüssel verloren oder gestohlen wurde und der Berechtigte dies bereits bemerkt hat -, so ist dieser Schlüssel im Sinne des Gesetzes „falsch". Weiß der Inhaber dagegen nichts von dem Verlust oder wurde der Schlüssel vom Täter nur vorübergehend entwendet und wieder an seinen alten Platz zurückgelegt, ohne dass das Opfer dies mitbekommen hat, so hat keine Entwidmung stattgefunden. In diesem Fällen liegt mangels „falschen" Schlüssels kein Einbruchdiebstahl, sondern ein einfacher Diebstahl vor. Fälle dieser Art werden jedoch nicht selten als Wohnungseinbruchdiebstahl geführt und treiben damit, ohne dass dieses Delikt vorliegen würde, die Einbruchszahlen in der Kriminalstatistik unnötig nach oben.

- Auch eine weitere Falschdeklarierung in der Kriminalstatistik verantwortet eine Verzerrung der Fallzahlen nach oben. So stellt sich bei vermeintlichen Wohnungseinbrüchen im Laufe der Ermittlungen teilweise heraus, dass kein Einbruchsdiebstahl, sondern ein niederrangiges Delikt vorgelegen hat. Typisch ist dafür etwa der Fall, in dem an einem Wohnobjekt Sachschäden herbeigeführt wurden, die im Wege reiner Interpretation als

---

[29] Kohl (2000), S. 754

versuchte Wohnungseinbrüche gedeutet werden. Stellvertretend dafür sind Fälle, in denen etwa Gruppen betrunkener Jugendlicher durch die nächtlichen Straßen ziehen und im Übermut an Fensterrollos rappeln und Zerren. Dass hier deliktisch Sachbeschädigungen verwirklicht werden können, leuchtet ein. Mit Wohnungseinbrüchen haben diese Fälle allerdings nichts zu tun. Dasselbe gilt für die Fälle, in denen etwa leer gezogene oder weitgehend leer gezogene Wohnhäuser von Obdachlosen als Schlafgelegenheit genutzt werden und hierzu Zugänge zu den Häusern aufgebrochen werden. Da hier in aller Regel die Diebstahlsabsicht fehlt, macht sich der Täter nur einer Sachbeschädigung und eines Hausfriedensbruches schuldig. Aufgrund fehlender Wegnahmeabsicht kann aber kein Einbruchsdiebstahl vorliegen. Der Wohnungseinbruch scheidet selbst dann aus, wenn der Zugang zunächst in Übernachtungsabsicht aufgebrochen wurde, danach aber der Tatentschluss zur Wegnahme von Sachen keimt. Diese letzte Fallkonstellation ist allerdings für den kriminalpolizeilichen Sachbearbeiter kaum überprüfbar, so dass man hier niemandem verdenken kann, wenn so ein Fall als WED geführt wird. Zu den Statistikverzerrern zählen auch die Fälle, in denen sich im Laufe der Ermittlungen herausstellt, dass zwar ein Diebstahl in einer Wohnung verübt wurde, allerdings keine qualifizierenden Tatmerkmale nach § 244 StGB vorliegen. Dies gilt insbesondere dann, wenn sich zeigt, dass der Täter durch offene Türen in die Wohnung gelangt ist und somit überhaupt keinen schweren Diebstahl begehen konnte.

In der Praxis werden die aufgeführten Fälle allerdings dann, wenn es einen Tatverdächtigen gibt, wider besseren Wissens häufig statistisch als Wohnungseinbrüche geführt, da dadurch die Aufklärungsquote nach oben getrieben werden kann. Bei nicht geklärten Fällen ist dagegen mit genau umgekehrter Zielrichtung die Neigung einer Umklassifizierung zu einer Sachbeschädigung oder einem Hausfriedensbruch größer.

Der Anteil der versuchten Taten wird beim WED häufig als Indiz für einen mehr oder weniger hohen Sicherheitsstandard betrachtet, da mehrheitlich der Schluss gezogen wird, dass die Einbrecher vor allem an guten Zugangssicherungen der Tatobjekte scheitern. Bundesweit hat sich der Anteil der versuchten Taten kontinuierlich von 29 % auf 38 % erhöht. So konstatiert Meyr, dass 2005 in Bayern 1398 WED durch Sicherheitstechnik verhindert worden sind[30] und eine Studie der Kölner Polizei aus 2006 kommt zu dem Resultat, dass 42 % der Einbruchsversuche abgebrochen wurden, weil die Täter bei der Tatausführung gestört wurden und 44 % an der vorhandenen Sicherungen gescheitert sind. Nur in 14 % der Fälle sei der Grund des Scheiterns nicht erkennbar.[31] Allerdings wird hierbei bisweilen verkannt, dass sich im Nachhinein selten sicher bestimmen lässt, ob ein Angriff auf ein Haus oder eine Wohnung abgebrochen wurde, weil Türen und Fenster Stand gehalten haben oder ob die Täter möglicherweise aufgrund von tatsächlichen oder vermuteten Annäherungen

---

[30] Meyr (3 / 2006), S. 8
[31] Polizei Köln, S. 17

potentieller Zeugen ihr Vorhaben abgebrochen haben. Auch wenn in vielen Fällen tatsächlich die Sicherungstechnik als Einbruchshindernis angenommen werden kann, so lässt sich dies im konkreten Einzelfall oft nicht mit letzter Sicherheit sagen. Auch ein Einbrecher, der am Tatort durch Dritte gestört wird, wird Aufbruchsspuren hinterlassen. Der British Crime Survey für 2009 / 10 verzeichnet für England und Wales einen Versuchsanteil von mehr als 40 %.[32]

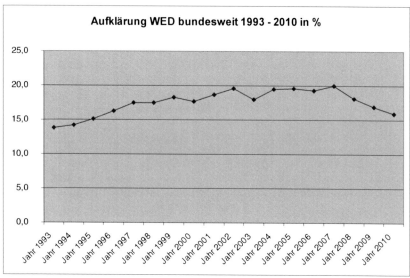

Abb. 8 (Quelle: Sondererhebung Bundeskriminalamt)

Die Aufklärungsquote für den WED lag bundesweit 2009 bei 16,9 %.[33] 2010 hat sich die Quote um 1 % gesenkt.[34] Langfristig ergab sich bundesweit für die Zeit von 1987 bis 2010 ein Mittelwert von 17,3 %, wobei die stärksten Ausschläge nach oben 2008 (20 %) und nach unten 1993 (13,8) zu verzeichnen waren (Abb. 8).

In Großbritannien lag sie 1999 bei 23 %, in den USA bei 14 %.[35] Aufklärungsquoten sind aufgrund ihrer Funktion als Medium staatlicher Erfolgsdarstellung jedoch regelmäßig mit hoher Vorsicht zu genießen. So weist Feltes darauf hin, dass ausländische Studien Manipulationen zur Erhöhung der Quoten belegen, etwa durch Nichterfassung schwer aufklärbarer Delikte.[36] Behrendt beschwört zum Zweck höherer Aufklärungsquoten einen Wettbewerb zwischen den Behörden: Es sollen Behördenrangfolgen im Intranet der Polizei veröffentlich

---

[32] Home Office, S. 80
[33] Bundeskriminalamt 2009 (PKS), S. 166
[34] Bundeskriminalamt 2010 (PKS), S. 77
[35] Weisel, S. 1
[36] Feltes (2009), S. 37

werden, um „über die Effekte Stolz und Scham" die Motivation zur Selbststeuerung zu fördern".[37] Der Verfasser sieht hier die Gefahr eines unproduktiven Wettbewerbs, der zur Manipulation verführt und staatliche Ressourcen bindet, ohne eine tatsächliche Steigerung der Aufklärung zu bewirken. Die Praxis zeigt, dass auch ohne so einen Anreiz der Wettbewerb zwischen einzelnen Dienststellen oder ganzen Polizeibehörden so groß ist, dass selbst vor bewussten Statistikmanipulationen nicht zurückgeschreckt wird, die sich nur durch eingehende, arbeitsintensive Überprüfungen aufdecken ließen, die sich zum einen aus Ressourcengründen kaum eine Behörde leisten kann und an denen aus den genannten Wettbewerbsgründen auch kaum ein Interesse bestehen wird.

<u>Die Ruhrgebiets-Untersuchung</u>

In der Ruhrgebiets-Untersuchung wurden zum Komplex „Tat" das Verhältnis Versuch / Vollendung, die Tathinderungsgründe bei Versuchen sowie die Häufigkeit von Vandalismus am Tatort untersucht. Von den 303 analysierten Fällen blieben 85 (28 %) im Versuchsstadium stecken (Abb. 9). In mindestens 31 Fällen (36 % der Versuche) traten am Tatort Geschädigte, Nachbarn oder sonstige Personen auf den Plan, vor denen die TV die Flucht ergriffen. In je einem Fall gab ein TV auf, weil eine Alarmanlage aktiv wurde bzw. weil ein Hund bellte. Viermal (5 % der Versuche) gelangten die TV nicht ins Haus, weil die Polizei früh genug den Tatort erreichte. In drei Fällen gab es andere Gründe.[38] In den

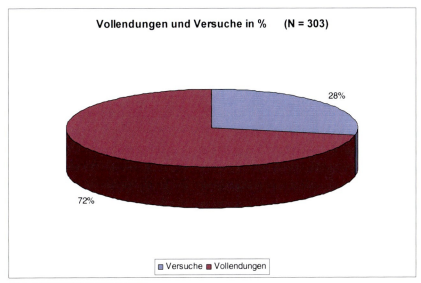

Abb. 9 (Quelle: Eigene Erhebung)

---

[37] Behrendt, S. 458
[38] So passte etwa in einem Fall ein Schlüssel nicht, der zum Eindringen eingesetzt wurde

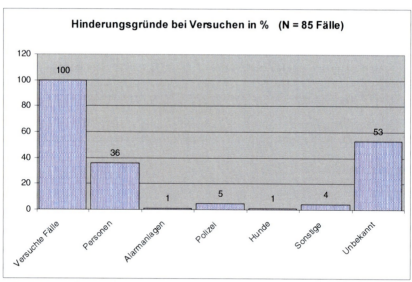

Hinderungsgründe bei Versuchen in %   (N = 85 Fälle)

Abb. 10 (Quelle: Eigene Untersuchung)

übrigen 46 Fällen (53 %) blieb unklar, warum die Tat nicht vollendet wurde, jedoch ist zu vermuten, dass es die Täter in diesen Fällen mehrheitlich nicht schafften, die Sicherungseinrichtungen zu überwinden (Abb. 10). Nur in vier von 303 untersuchten Fällen kam es zu echtem Vandalismus (Abb. 11). Dies zeigt, dass die Angst in der Bevölkerung vor mutwilligen Zerstörungen in den Wohnungen weitgehend irreal ist. In zwei dieser Fälle schienen Täter-Opfer-Beziehungen vorzuliegen. An den betroffenen TO wurden teils Möbel zertrümmert, Lebensmittel verschmiert, Graffiti gesprüht und in einem Fall auch mehrere Haustiere getötet:[39]

Der Anzeigentext zu einem Vandalismusfall, der als typisches Hassdelikt bezeichnet werden muss:

„Im Flur lagen die Splitter eines zerschlagenen Glastisches auf dem Boden. Die Dunstabzugshaube war demoliert. Ein beschädigter Wasserkocher lag auf dem Boden. Im Kühlschrank befand sich eine Delle. Im Schlafzimmerschrank waren die Spiegeleinsätze des Schranks zerschlagen und der Boden war mit Splittern übersät. Neben einem kleinen Computertisch lag ein beschädigter Flachbildmonitor und der Tisch war selbst auch beschädigt. Im Wohnzimmer lagen auch Glassplitter auf dem Boden. Das Fernsehgerät, zwei Vitrinen und der Glaseinsatz des Couchtisches waren zerschlagen."

---

[39] Siehe Az. 163 Js 464/08;   163 Js 96/09;   110 Js 13/10;   202 Js 865/09

30

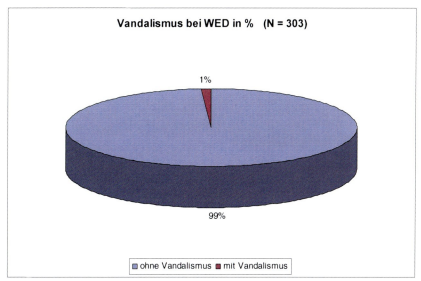

Abb. 11 (Quelle: Eigene Untersuchung)

Tatverdächtig war in diesem Fall ein 39jähriger Nachbar der Wohnungsinhaberin, die ihr Heim beim Nachhausekommen in der beschriebenen Form vorfand und nicht nur die Zerstörungen, sondern auch den Verlust ihres Schmucks zu beklagen hatte. Der Tatverdächtige hatte ihr bei der Heimkehr zugerufen: „Wenn du nach Hause kommst, wirst du dich wundern." Bei dem 39jährigen, der zuvor bereits wegen zahlreicher Aggressionsdelikte aufgefallen war, attestierte ein Psychiater in einem Gerichtsgutachten Paranoia, die sich in Wahnvorstellungen äußerte. Gegen den Mann wurde nach diesem Einbruch vom Gericht nach § 126a StPO eine einstweilige Unterbringung in einer psychiatrischen Klinik bis zur Hauptverhandlung ausgesprochen.

3.3.2 Täter

Die PKS erhebt hinsichtlich der Tatverdächtigen (TV) die Parameter Alter, Geschlecht, Nichtdeutsche, Aufenthaltsgrund von Nichtdeutschen in der BRD, alleinhandelnde TV, TV (kriminalpolizeilich) in Erscheinung getreten, Konsument harter Drogen, Alkoholeinfluss, Schusswaffe mitgeführt und Tatverdächtigenwohnsitz. Einem Teil dieser Daten ist aus Gründen, die nachfolgend noch genannt werden, kein oder kaum ein Aussagewert zuzumessen, da sie unzuverlässig erhoben werden. Neben diesen amtlichen Daten interessiert sich die Täterforschung teilweise auch noch für Aspekte der Handlungsperseveranz, der Bildung, der Berufe, des vom TV erwarteten Ergreifungsrisikos und seiner Ängste im Zusammenhang mit der Tatbegehung, für Klassifizierungen nach

Gelegenheits- und professionellen TV, Täter-Opfer-Beziehungen und Tatmotive.

Im folgenden Teil dieser Arbeit wird aus Gründen der Vereinfachung für die Tatverdächtigen durchgängig die Abkürzung „TV" gewählt, ohne Rücksicht darauf, in welchem Stadium sich die untersuchten Ermittlungsverfahren jeweils befinden. Die juristisch zutreffenden Bezeichnungen sind bei Einleitung eines polizeilichen Ermittlungsverfahren gegen eine konkrete Person „Beschuldigte(r), nach Anklageerhebung „Angeschuldigter" und nach Beschluss der Eröffnung des Hauptverfahrens „Angeklagter".[40]

Forschung und Praxis

Welche Erkenntnisse hat die bestehende Forschung zum Wohnungseinbrecher gewonnen? Hier ein Überblick:

Geschlecht: Die deutsche Kriminalstatistik weist für 2009 beim WED einen Männeranteil von rund 85 % auf, Ähnlich verhält es sich mit 87 % in den USA.[41] *Alter:* Von den 16.658 statistisch erfassten Tatverdächtigen waren rund 60 % Erwachsene. Die Jugendlichen (14 - < 18 Jahre), die Heranwachsenden (18 - < 21 Jahre) sowie die Jungerwachsenen (21 - < 25 Jahre) teilten sich das übrige Feld der Tatverdächtigen annäherungsweise zu je einem Drittel. Kinder waren als TV existent, spielten aber mit 3 % nur eine untergeordnete Rolle. In den USA waren 1999 fast zwei Drittel der Einbrecher unter 25 Jahren[42], nach Krainz war die Hälfte der TV beim ersten WED 15 – 20 Jahre alt.[43]

Nichtdeutsche: Die PKS-Quote von 23 % Nichtdeutschen unter den Einbrechern deutet scheinbar auf eine Überrepräsentanz im Verhältnis zur Wohnbevölkerung hin. Dies relativiert sich allerdings, wenn man in Betracht zieht, dass es sich bei ausländischen Einbrechern häufig nicht um Angehörige der amtlich registrierten Wohnbevölkerung handelt, sondern um Zugereiste, die in keinem Melderegister auftauchen. Auch strukturelle Unterschiede zur deutschen Bevölkerung machen eine Bewertung einer möglichen Überrepräsentation schwierig. Eine Betrachtung des Aufenthaltsgrundes nichtdeutscher Einbrecher im Bundesgebiet ist zwar mit dem Material der PKS möglich, aber zugleich hochgradig unzuverlässig. So waren laut PKS 2009 6 % der TV illegal in Deutschland, der gleiche Prozentsatz als Tourist oder etwa 9 % als Gewerbetreibende. Auf diesen Daten sollten jedoch keinerlei Schlüsse gezogen werden, da ihre Erhebung in der Praxis äußerst mangelhaft ist. Kaum ein kriminalpolizeilicher Sachbearbeiter wird bei einer zeitlich drängenden Haftsache mit einem aussageunwilligen oder Tat bestreitenden TV die Zeit zur Überprüfung finden, ob dieser nun als Durchreisender, als Student oder als Gewerbetreibender im Land ist. Die Übernahme des vom TV behaupteten Aufenthaltsstatus ist mangels Überprüfungsmöglichkeit eher die Regel als die Ausnahme,

---

[40] Verlag Deutsche Polizei, Bu 3-1, S. 60
[41] Weisel, S. 15
[42] a. a. O., S. 15
[43] Krainz, S. 29

willkürliche Eintragungen in die PKS gang und gäbe. Die Wahrnehmung inner-halb der Polizei scheint übrigens die einer ganz erheblichen Überrepräsentanz ausländischer Wohnungseinbrecher zu sein. So äußerten 2011 in einer Be-fragung im Rahmen eines Seminars der Essener Polizei unter 100 Teilnehmern aus unterschiedlichen Dienststellen die meisten die Einschätzung, dass der Ausländeranteil unter den Einbrechern bei 50 – 90 % liegen dürfte.

Ähnlich verhält es sich bei dem statistischen Aspekt *„Alleinhandelnder TV"*. Laut PKS greift dieses Merkmal in 60 % der Fälle. Die Täterbefragung von Krainz konstatiert, dass 41 % alleine arbeiten und je ca. ein Drittel zu zweit bzw. in einer Gruppe.[44] Eine sichere objektive Feststellung dieses Umstandes ist in den seltenen Fällen möglich, in denen TV etwa auf frischer Tat betroffen werden oder der Tatablauf umfassend und ohne zeitliche Lücken von Zeugen beobachtet worden ist. Darüber hinaus verbietet die Fallkonstellation, dass Komplizen eines überführten TV ungesehen vom Tatort flüchten konnten und von dem Überführten in dessen Vernehmung nicht erwähnt werden, eine zuverlässige Erfassung dieses statistischen Merkmals. In der Forschung schwankt das Merkmal „Alleintäter" von Studie zu Studie zwischen 36 und 75 %. Junge Einbrecher neigen eher dazu, mit einem Partner einzubrechen.[45] Gruppendynamik spielt bei jungen Einbrechern häufig eine Rolle. Die Tat-begehung erfolgte nicht selten, weil sich ein kriminelles Umfeld aus Freunden und Bekannten stimulierend auswirkt. Viele Täter arbeiten über Jahre zusam-men.[46] Hier scheint sich Sutherlands Theorie der „Differentiellen Assoziation" zu bestätigen, die die Ursache für Kriminalität in einem kriminellen Umfeld sieht, in dem den Betroffenen sowohl die kriminellen Einstellungen wie auch die technischen Fertigkeiten für die Tatausübung vermittelt werden.[47]

Deutlich zuverlässiger als andere statistische Werte ist die PKS-Feststellung, ob ein *TV (polizeilich) in Erscheinung getreten* ist, da dies durch einfache Bürorecherche den polizeilichen Datensystemen entnommen werden kann. Gemäß PKS sind 84 % der TV bereits polizeilich auffällig geworden. Vorbestraft waren nach einer Studie von Servay und Rehm 91 % der Einbrecher, davon 70 % wegen schweren Diebstahls.[48] Wernitznig macht in ihrer Dissertation über jugendliche Einbrecher 44 % Vorbestrafte aus.[49] In der Täterbefragung der Uni-versität Bochum waren bis auf einen alle vorbestraft. Damit war die Quote bei ihnen mehr als doppelt so hoch wie bei der Gesamtheit der TV, allerdings waren für die Studie auch besonders aktive Täter ausgesucht worden.[50] Ein-brecher sind in der Regel Intensivtäter. Von den Probanden der Untersuchung von Krainz hatten 40 % der Befragten mehr als zehn Einbrüche begangen.[51] Viele Befragte der Studie der Universität Bochum berichteten von wechselnden

---

[44] Krainz, S. 28
[45] Weisel, S. 16
[46] Deutsches Forum für Kriminalprävention, S. 17
[47] Schwind, S. 124 f.
[48] Eisenberg, S. 926
[49] Wernitznig, S. 56
[50] Deutsches Forum für Kriminalprävention, S. 14
[51] Krainz, S. 23

Phasen, in denen monatelang gar kein Einbruch begangen wird bis zu Phasen, in denen es täglich zu Taten kommt.[52]

Die Erhebung der Aspekte „Konsument harter Drogen", „TV unter Alkoholeinfluss" und „Schusswaffe mitgeführt", sind auf der Erhebungsebene wiederum deutlich unzuverlässiger. Während zumindest bezüglich der Drogenabhängigkeit des TV noch auf polizeiliche Daten für früheren Betäubungsmittelkonsum zurückgegriffen werden kann, sind die beiden anderen Punkte für die Polizei nur in der äußerst geringen Zahl von Fällen feststellbar, in denen der TV auf frischer Tat gefasst wird. Bei später ermittelten TV bleibt es alleine den mehr oder weniger wahrheitsgemäßen Eigenangaben in der Vernehmung überlassen, ob diese Fakten zutreffend erhoben werden. Die PKS zeigt für 2009 rund 5 % an Fällen mit alkoholisierten Einbrechern und 0,4 % Tatausführungen unter Mitführung einer Schusswaffe an. Eine deutsche Befragung inhaftierter Täter hat ergeben, dass nur wenige Täter die Taten unter Alkohol- und Drogeneinfluss verüben. Schusswaffen werden so gut wie nie mitgeführt.[53] Krainz kommt in seiner Täterbefragung zu einem anderen Resultat: 71 % der Täter sind alkoholisiert, 30 % stehen unter harten oder weichen Drogen, dadurch entsteht eine Senkung von Hemmschwellen und Angst.[54]

Tatverdächtigenwohnsitz: Die meisten TV von WED kamen aus der Gemeinde, in der der Einbruch verübt wurde (60 %). 11 % stammten aus dem gleichen Landkreis, 19 % aus dem übrigen Gebiet des Tatort-Bundeslandes, 6 % aus dem übrigen Bundesgebiet und nur 3 % aus dem Ausland. 9 % wurde unter der Rubrik „Ohne festen Wohnsitz" geführt.[55] Auch hier gilt mit Blick auf die Praxis: Diese Daten treffen nur bedingt zu. Häufig beruhen sie ausschließlich auf den zum Teil kaum nachprüfbaren Angaben der TV. So werden von sozial und wirtschaftlich destabilisierten TV gerne Wohnsitze behauptet, die überhaupt nicht existieren, um einer auf den Haftgrund „Fluchtgefahr" gestützten Untersuchungshaft nach § 112 Abs. 2 Nr. 2 StPO zu entgehen. Denn ein nicht vorhandener Wohnsitz ist in vielen untersuchungsrichterlichen Prognosen der Hauptaspekt für eine Befürwortung der Fluchtgefahr. Zudem werden von ausländischen TV nicht selten auch falsche Wohnsitze angegeben oder Angaben schlichtweg verweigert, um einer Durchsuchung ihrer konspirativen Wohnungen zu entgehen. Meldewohnsitze erweisen sich oft genug als „Karteileichen", während tatsächliche Wohnsitze von den TV wiederum häufig nicht den Meldebehörden mitgeteilt werden.

Handlungsperseveranz: Eine deutsche Befragung einer zweistelligen Zahl von Einbrechern erbrachte folgendes Bild: Vollperseveranz über die gesamte Dauer der kriminellen Karriere zeigte nur ein einziger Befragter. Die meisten hatten Einbruch als Deliktsschwerpunkt nur phasenweise und wechselten danach in andere Delikte. Die meisten Täter zeigten bei ihren Einbrüchen auch keine Ob-

---

[52] Deutsches Forum für Kriminalprävention, S. 18
[53] a. a. O, S. 15
[54] Krainz, S. 26 f.
[55] Bundeskriminalamt, Tab. 21, S. 12 (aufgrund der Zählweise der PKS kann die Summe der Wohnortkomplexe mehr als 100 % ausmachen, s. Hinweis S. 122 d. PKS 2009)

jektperseveranz, sondern brachen innerhalb einer Phase sowohl in Wohnungen wie auch in Geschäfte oder andere Objekte ein.[56] Zu einem ähnlichen Ergebnis kommt auch eine Untersuchung der Universität Bochum.[57] Nach Weisel beschränken sich Einbrecher typischerweise nicht auf WED, sondern begehen häufig auch andere Eigentums-, Gewalt- oder Drogendelikte.[58]

Schulbildung: Nach Einschätzung der Polizei sind Einbrecher schlecht gebildet und nicht sehr intelligent. Die TV haben aber überwiegend mindestens Hauptschulabschluss und die Hälfte abgeschlossene *Berufsausbildungen*.[59]

Berufstätigkeit: Nach der Täterbefragung von Krainz ist die Mehrheit der berufstätigen TV Arbeiter oder Handwerker. Jeder 10. bejahte einen Zusammenhang zwischen Beruf und WED, vor allem Schlosser. Beim ersten WED waren 27 % der TV arbeitslos, bei späteren Delikten 38 %.[60] Nach Wernitznig war ein Drittel aller tatverdächtigen Jugendlichen arbeitslos.[61] Eigenangaben zur Berufstätigkeit von TV müssen aus Praxissicht allerdings kritisch gesehen werden. Hier kommt es nicht selten nachweislich zu Falschangaben. Gerade bei Merkmalen, die den Sozialstatus betreffen, scheint die Neigung groß zu sein, aus Scham den eigenen Stellenwert zu erhöhen. So wird aus dem Schulabbrecher in der Selbstauskunft schnell der Inhaber der Mittleren Reife.

Professionalität und Tatplanungsverhalten: Bei den von der Bochumer Universität befragten TV war das Planungsverhalten sehr unterschiedlich. Teilweise gab es gar keine Planung, nur wenige betrieben intensive Tatplanungen. Einige verließen sich auf Angaben Dritter. Vielfach wurden die Taten ohne Planung spontan begangen. Die professionelleren Täter kundschafteten eher die Objekte aus und informierten sich über Sicherungstechnik, um die passenden Werkzeuge oder Spezialisten mitzubringen. Teilweise bekamen sie auf Tatobjekte Tipps. Befragte Polizeibeamte und Versicherer glauben eher, dass spontane Tatbegehungen seltener sind und dann mehrheitlich der Beschaffungskriminalität zuzurechnen sind.[62] In der Studie von Krainz stellten sich die Kriterien für die Auswahl von Einbruchsobjekten wie folgt dar:[63]

Auswahlkriterium	Häufigkeit in % (Mehrfachnennungen)
Zufällig	73 %
Durch Auskundschaften	46 %
Erwartete Beute	41 %
Auf Aufträge hin	15 %
Auf Empfehlungen hin	35 %

---

[56] Rudnitzki, S. 119 f. und 125 f.
[57] Deutsches Forum für Kriminalprävention, S. 14
[58] Weisel, S. 16
[59] Deutsches Forum für Kriminalprävention, S. 15
[60] Krainz, S. 20 f.
[61] Wernitznig, S. 49
[62] Deutsches Forum für Kriminalprävention, S. 18
[63] Krainz, S. 32

Eher unüblich waren nach seinen Feststellungen aber Erkundigungen der TV in der Nachbarschaft nach den Opfern vor der Tat.[64]

Nach Kohl wurden 90 % aller WED in den Niederlanden von Gelegenheitstätern verübt.[65] Folgt man der Typisierung eines Vertreters der technischen und verhaltensorientierten Beratung des Hessischen LKA, dann handelt der typische Wohnungseinbrecher nicht organisiert, aus der Gelegenheit heraus und ohne große Tatvorbereitung.[66]

Hier zum Tatplanungsverhalten einige Aussagen von Wohnungseinbrechern:

„Ja, das war in (xxx), das war eben in so einem Villengebiet, bin ich eben auch tagsüber rum gelaufen, hab mir eben, wie gesagt, diese Objekte ausgesucht, wie sie liegen, ob Alarmanlage, das und jenes ist, .. hab eben auch geguckt, dass eben von außen geschützt ist, ja, schlecht einsichtbar war, ja und da bin ich eben meistens eingestiegen ne, während die Leute da geschlafen haben." (…) „Ja, ich hab eben auch immer nur geguckt, dass was nach reich ausgesehen hat."[67]

„Das war so, so mehr eine Blitzaktion .. so, also, .. früher da war ich ja nicht druff (Anm. des Autors: Unter Drogeneinfluss), da hab ich mir das schon angeguckt so, was ich mache, ob sich das überhaupt lohnt so. Und jetzt da, das waren alles so Blitzaktionen, rinn geguckt, keine Kohle gut, das nächste Ding ausgesucht, noch mal da geguckt, bis ich halt was hatte, wo wir da Geld rausgeholt hatten."[68]

„Ich hab schon eine Auswahl getroffen, also ich bin jetzt nicht in Häuser eingebrochen, sagen wir jetzt, wenn ich auf ein Dorf komme, ja und sehe da so ein kleines Einfamilienhaus oder so, das hat mich nicht gereizt. Mich hat schon mehr so gereizt, so in jedem Ort oder in jeder Großstadt oder jede Kleinstadt, gibt es eben Viertel, wo eben mehr Geld wohnt, da wohnen so mehr die Reichen und da wohnen so mehr die Armen da bin ich eben lieber zu den Reichen gegangen."[69]

Täter-Opfer-Beziehung: Anders als bei Gewaltdelikten findet bei Eigentumsdelikten über die PKS keine Erhebung von Opferdaten statt. Die Erkenntnisse der Forschung hierzu sind unterschiedlich. Nach der Studie von Krainz kennt ein Drittel der TV die Opfer schon vor der Tat. Die Hälfte davon sind Verwandte oder Bekannte. Die Polizei hält dies nur bei 7 % für gegeben.[70] Nach Weicht kannte der Täter das Opfer in 44 % der Fälle vorher schon, in 7 % handelte es sich sogar um Verwandte. Bei Rehm und Servay kannten 47 % die Opfer vorher. Wernitznig stellte in Bezug auf jugendliche Einbrecher sogar eine Quote von Täter-Opfer-Vorbeziehungen von rund drei Vierteln fest.[71] Allerdings sind nach Weicht TV mit Täter-Opfer-Beziehung leichter zu ermitteln, daher muss eine Verzerrung des Täterfeldes angenommen werden.[72] Diese Einschätzung wird vom Verfasser geteilt. In der Literatur finden sich teilweise Hinweise darauf, dass sich Wohnungseinbrüche bisweilen gezielt gegen Angehörige derselben Landsmannschaft richten, der auch die Täter angehören. So wurde in Berlin etwa ein großes Ermittlungsverfahren gegen Vietnamesen geführt, die

---

[64] a. a. O., S. 61
[65] Kohl (2001), S. 139
[66] Plach, S. 38
[67] Müller-Monning, S. 316
[68] a. a. O., S. 120
[69] a. a. O., S. 181
[70] Krainz, S. 59; ähnlich auch Weisel, S. 17
[71] Wernitznig, S. 75
[72] Weicht, S. 96

ihre Einbrüche vornehmlich gegen Landsleute gerichtet hatten.[73] Der Verfasser meint dies in langjähriger Praxis auch bei Einbrüchen etwa gegen Tamilen festgestellt zu haben, ohne dies allerdings mit Zahlen belegen zu können.

Gefühlslagen der TV: Nach Deusinger denken zwei Drittel der TV nicht über die Leute nach, die sie bestehlen. Die übrigen denken über diese nach oder meinen, dass sie versichert sind und den Schaden ersetzt bekommen[74]. Müller-Monning schreibt in seiner Dissertation, dass die Empathie von Wohnungseinbrechern mit deren Opfern sehr gering ist und das Opfer in erster Linie als Tatstörer eine Rolle spielt. Jedoch benennt er aus seiner Reihe von Einbrecherinterviews auch einen Fall, in dem bei einem TV durch das Auffinden von Erinnerungsstücken zwischen der Beute, von Kindermilchzähnen, eine derart starke Einsicht in das Opferverletzende seiner Tat ausgelöst wurde, dass er fortan keine Einbrüche mehr begangen hat.[75] Die Tendenz zur Tatrationalisierung durch das Gefühl „Die Versicherung zahlt ja, es entsteht dem Opfer kein Schaden" scheint bei Einbrechern ausgeprägt zu sein und fördert möglicherweise bei dem einen oder anderen die Deliktsauswahl hin zum Einbruch:

„(...) ich bin nur eingebrochen, wo, wo ich wusste, die Leute, die haben genug .. und die Versicherung ersetzt, zum Beispiel, ich würde nie, könnt ich nie, bei meinem Kumpel .. ich weiß, wo der Tausende .. würd ich nie was klauen .. oder ich würd auch nie ner alten Frau was wegnehmen, kann ich nicht".[76]

Hinsichtlich der Tatausführung beschreibt das Gros der befragten Täter, dass sie im Tatobjekt Angst und Anspannung empfinden, aber nach dem Gelingen der Tat ein regelrechter Gefühls-Kick eintritt:[77]

„Natürlich beschleicht einen immer noch die Angst, na ja, man wird vorsichtig und guckt und hört auf jede Geräuschkulisse, .. aber die nimmt man später nicht mehr so bewusst wahr, so erging´s jedenfalls mir. Ich bin, ich .. bin da auf jeden Fall nur rein, um .. so schnell halt Geld zu machen und sowie ich draußen war, ging´s mir irgendwie wieder besser, da ist mir irgendwie ´ne Last abgefahren, weil vorher ist alles angespannt, man registriert jedes Geräusch, ja man sieht jeden Schatten draußen oder so ..."[78]

Erwartetes Ergreifungsrisiko: Nach Deusinger denkt mehr als ein Drittel der TV an das Risiko erwischt zu werden und an die Strafe, ein Viertel nur an das Ergreifungsrisiko und ein Drittel an nichts von beidem.[79] Nach Weisel tendieren Einbrecher nicht dazu, an die Konsequenzen ihrer Handlungen zu denken bzw. glauben sie, dass sie nur ein geringes Ergreifungsrisiko eingehen.[80]

Weitere TV-Merkmale: Nach Feststellung der Universität Bochum sind wenige TV gewaltbereit. Konfrontationen mit anwesenden Hausbewohnern werden gemieden, bei erkannter Anwesenheit wird der Einbruch meist unterlassen. TV kommen oftmals aus gestörten Familien, relativ viele haben das Elternhaus

---

[73] Hundt, S. 119
[74] Deusinger, S. 236
[75] Müller-Monning, S. 325
[76] Müller-Monning, S. 130
[77] a. a. O., S. 332 f.
[78] Müller-Monning, S. 97
[79] Deusinger, S. 228
[80] Weisel, S. 17

zwischen 14 und 16 Jahren verlassen [81] In ihrer auf jugendliche Einbrecher beschränkten Studie kam Wernitznig zu dem Ergebnis, dass mindestens 1/3 der TV aus unvollständigen Familien kommt, Deutsche dreimal so oft wie Ausländer.[82] Bei 34 % der TV wurden Anwälte eingeschaltet. Mehr als die Hälfte davon waren Pflichtverteidiger.[83] Nach Plach steht der typische TV unter Zeitnot, meidet das Mitführen von Spezialwerkzeug aus Angst bei Kontrollen aufzufallen, fürchtet Lärm und vermeidet eher die Investition in teures Werkzeug, das er u. U. auf der Flucht wegwerfen müsste.[84] Nach Weisel tendieren junge Einbrecher zu geringerer Beute, suchen sich Tatobjekte in der eigenen Umgebung und sind leicht durch Hunde oder Alarmanlagen aus der Ruhe zu bringen. Bei älteren Einbrechern ist dies anders. Ältere TV haben auch eher etablierte Absatzquellen für ihre Beute.[85]

Der Autor vertritt die Ansicht, dass sowohl die Daten der PKS wie auch diejenigen der in Studien befragten Täter die Gesamtstrukturen der Täterschaft verzerrend darstellen, da sich die große Mehrheit der TV, die nicht überführt werden, insbesondere im Hinblick auf Professionalität, nationaler Herkunft, Alter etc. von den überführten TV unterscheiden dürften. Vor allem der Anteil an Beziehungstätern dürfte in verschiedenen Hellfelduntersuchungen zu hoch ausfallen, da Beziehungstäter leichter zu überführen sind als Angehörige professioneller, ausländischer Einbrecherbanden.

Die Ruhrgebiets-Untersuchung

Die Feststellung der Tätermerkmale in der vorliegenden Untersuchung ist aus den genannten Gründen nicht verallgemeinerbar, dürfte aber zumindest Hinweise auf Mindestgrößenordnungen in einigen Bereichen geben. Die nachfolgenden Ergebnisse können sich also nur auf die Gesamtheit der identifizierten Verdächtigen, nicht aber auf alle TV beziehen. Untersucht wurden bezüglich der TV Geschlecht, Alter, Nationalität, Wohnort, Täter-Opfer-Vorbeziehung und die Frage, ob sie polizeilich bereits als Straftäter und auch speziell als Einbrecher und Btm-Konsumenten aufgefallen sind.

An den 303 untersuchten Taten waren nach Einzeltäterzählung 234 TV beteiligt. Gesondert ausgewertet wurden zusätzlich die Merkmale der Serien-„Täter". Hierzu wurden alle TV gerechnet, die im Untersuchungszeitraum mindestens dreimal eines WED verdächtigt wurden. Zu diesem Personenkreis gehörten 25 TV. Sie machten 11 % aller TV aus.

Hinsichtlich der Tatverdächtigenwohnsitze wurde – unter den oben dargestellten Vorbehalten gegen die Zuverlässigkeit dieser Daten – festgestellt, dass mit 64 % der größte Teil der TV aus der Tatortgemeinde und weitere 14 % immerhin noch aus den Nachbargemeinden stammten. 2 % der Wohnsitze

---

[81] Deutsches Forum für Kriminalprävention, S. 15
[82] Wernitznig, S. 55
[83] a. a. O., S. 63
[84] Plach, S. 38
[85] Weisel, S. 16

waren über den Rest Nordrhein-Westfalens verteilt, 4 % der TV waren ohne festen Wohnsitz und bei 16 % war der Wohnsitz unbekannt.

Hypothese: Die Mehrheit der Fälle wird von Einzel-TV begangen

Die Auswertung des Aktenmaterials ergab 80 Fälle, in denen zwei oder mehr Personen verdächtigt wurden, die Taten gemeinschaftlich begangen zu haben. Dies entsprach 26 % aller untersuchten WED. Allerdings lässt sich auch in Fällen mit identifizierten Verdächtigen schwer sagen, ob nicht weitere, unerkannt gebliebene TV im Spiel gewesen sind. Die obige These, dass die Mehrzahl der Fälle von Einzeltätern begangen wird, hat sich aber zumindest auf der Basis der Zahl bekannt gewordener TV bestätigt. (Abb. 12).

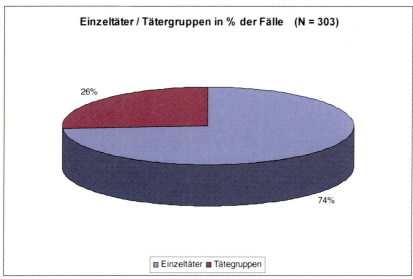

Abb. 12 (Quelle: Eigene Untersuchung)

Hypothese: WED-Tatverdächtige sind überwiegend Männer

Diese Hypothese findet sich in der Untersuchung ebenfalls bestätigt. Unter den 234 TV waren 204 Männer (87 %) und 30 Frauen (13 %) (Abb. 13). Unter den Serientätern war lediglich eine Frau (4 %).

Hypothese: WED-Tatverdächtige sind überwiegend Jugendliche und Heranwachsende

39

Das durchschnittliche Alter der Täter in dieser Studie lag bei 27 Jahren. Dabei reichte die Palette der TV altersmäßig von 12 bis 68 Jahren. 78 der Einbruchsverdächtigen waren zwischen 14 und 20 Jahren alt (34 %). Damit waren die sieben Altersjahrgänge der Jugendlichen und Heranwachsenden zwar überproportional unter den TV vertreten, sie stellten jedoch nicht die Mehrheit. 66 % der TV waren im Erwachsenenalter (Abb. 14). Die Serientäter unterschieden sich mit einem Durchschnittsalter von 27 Jahren nicht von den anderen.

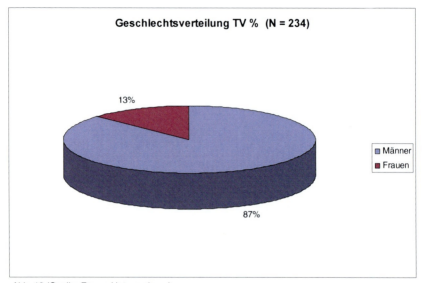

Abb. 13 (Quelle: Eigene Untersuchung)

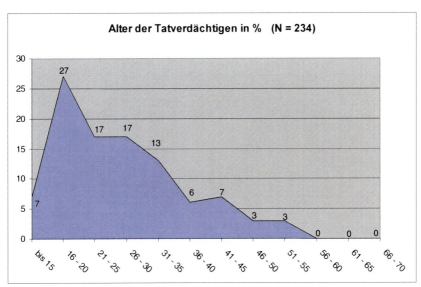

Abb. 14 (Quelle: Eigene Erhebung)

Hypothese: Der überwiegende Teil der WED-Tatverdächtigen sind Ausländer

Der Nichtdeutschen-Anteil in der Untersuchung lag bei 37 %. Bei zwei TV (1 %) war die Nationalität ungeklärt, einer war staatenlos (Abb. 15). Unter den Frauen lag der Anteil mit 33 % niedriger als bei den Männern (38 %). Die Personen aus der Gruppe der Serientäter waren zu 68 % Nichtdeutsche. Insgesamt waren in der Gesamtheit der TV Männer und Frauen aus fast allen Erdteilen vertreten. Der Schwerpunkt lag allerdings auf den Osteuropäern, die annähernd 60 % aller Nichtdeutschen und immerhin noch 22 % sämtlicher TV ausmachten. Besonders stark waren Serben (21 TV), Türken (11), Rumänen (9), Polen (7) und Mazedonier (4) beteiligt. Zu berücksichtigen ist, dass insbesondere Angehörige, die erkennbar anderen Kulturkreisen angehören, in der Polizeipraxis deutlich eher verdächtigt und kriminalisiert werden als Deutsche oder Westeuropäer. So dürfte es zumindest im Hellfeldbereich bei den ausländischen TV eine Verzerrung der Zahlen nach oben geben, während im Dunkelfeld – das ja immerhin rund 85 % aller Fälle ausmacht - ein deutlich höherer Anteil professionell arbeitender, schwer ermittelbarer Bandeneinbrecher aus dem Ausland zu vermuten ist.

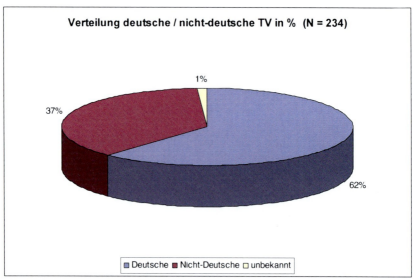

Verteilung deutsche / nicht-deutsche TV in % (N = 234)

1%

37%

62%

Deutsche ■ Nicht-Deutsche □ unbekannt

Abb. 15 (Quelle: Eigene Untersuchung)

Hypothese: WED-Tatverdächtige und Opfer haben keine Tatvorbeziehungen

Die PKS erhebt zu den Täter-Opfer-Beziehungen von Eigentumsdelikten keine Daten, so dass eine Betrachtung, inwieweit die TV möglicherweise aus dem Umfeld der Opfer kommen, von Interesse schien. In Übereinstimmung mit anderen Studien wurde hier mit 39 % der Fälle ein verhältnismäßig hoher Anteil von Täter-Opfer-Beziehungen festgestellt. Während sich in 61 % der Fälle Täter und Opfer offensichtlich fremd waren (Abb. 16), rekrutierten sich die anderen aus 16 % Verwandten, 14 % ehemaligen Partnern, 52 % Bekannten, 10 % Nachbarn und 8 % „Sonstigen" (Abb. 17). Unter den Verwandten befanden sich etwa drogenabhängige Söhne, die bei ihren Eltern einbrachen, unter den ehemaligen Partnern Ex-Ehemänner, getrennt Lebende oder ehemalige feste Freunde oder Freundinnen, die in die Wohnungen der Opfer einbrachen, um dort ihr Eigentum herauszuholen und dabei aber auch Eigentum der Opfer entwendeten. Zu den „Sonstigen" zählten im Wesentlichen Vermieter, die in die Wohnungen eingedrungen waren, um ein tatsächliches oder vermeintliches Vermieterpfandrecht geltend zu machen. Damit ist die obige Hypothese als widerlegt zu betrachten. Bei den Serientätern fand sich nicht ein einziger Fall, in dem es Hinweise auf Täter-Opfer-Vorbeziehungen gab.

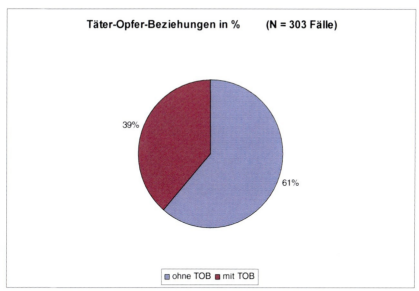

Abb. 16 (Quelle: Eigene Erhebung)

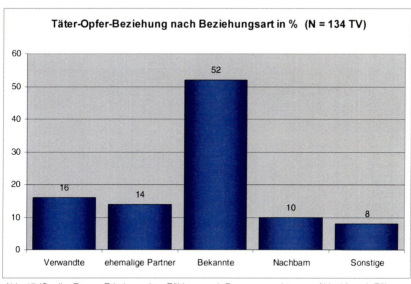

Abb. 17 (Quelle: Eigene Erhebung; hier Zählung nach Personen, nicht wie in Abb. 16 nach Fällen)

Hypothese: WED-Tatverdächtige sind mehrheitlich Personen, die schon vorher als Kriminelle aufgefallen sind

Der Anteil derjenigen, die bereits vor ihren WED polizeilich oder gerichtlich in Erscheinung getreten waren, betrug 85 %. Bei den Serientätern lag diese Quote mit 88 % minimal höher. Lediglich bei drei Serien-TV ergab sich hier kein Hinweis auf eine Vorbelastung aus den Akten. Bei Einbrüchen – allerdings Einbrüchen jeglicher Art – waren 38 % der TV aufgefallen. Bei den Serientätern galt dies für zwei Drittel (64 %). Aktueller oder früherer Betäubungsmittelkonsum war für 32 % der TV aus den Akten ersichtlich. Hier waren die Serientäter mit 12 % unterrepräsentiert (Abb. 18 – 20). Damit sind die TV mehrheitlich bereits vor ihren hier untersuchten Taten einer oder mehrerer Straftaten verdächtigt worden.

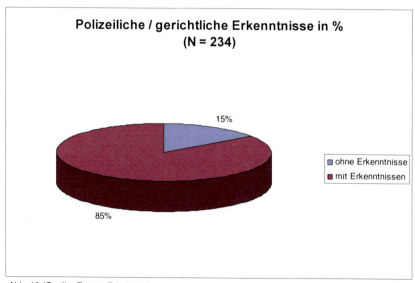

Abb. 18 (Quelle: Eigene Erhebung)

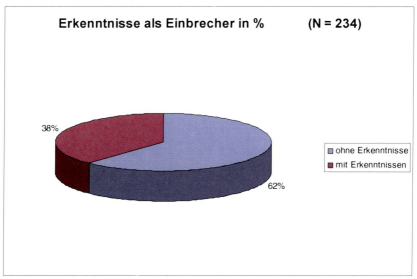

Abb. 19 (Quelle: Eigene Erhebung)

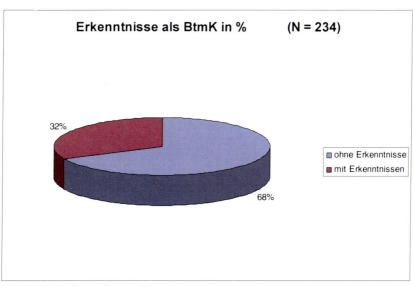

Abb. 20 (Quelle: Eigene Erhebung)

3.3.3 Opfer

<u>Forschung und Praxis</u>

Da die polizeiliche Kriminalstatistik zumindest in Deutschland keine Daten von Einbruchsopfern erfasst, ist die Informationsgewinnung auf andere Formen der Forschung angewiesen. Bei Analyse von erfolgten Einbrüchen anhand von Akten oder ähnlichen Quellen besteht jedoch kaum eine Chance, ein umfassendes Bild der Opfer zu zeichnen. Werden die Opferdaten aus Ermittlungsakten bezogen, so sind die Informationen in den Fällen, in denen nicht gerade Singlehaushalte von der Tat betroffen sind, unvollständig. Aus den Akten geht zumeist, stellvertretend für ganze Familien, ein Anzeigenerstatter hervor. Notiert wird zumeist derjenige, den die Polizei bei der Anzeigenerstattung antrifft. Seltener werden dann auch noch anwesende weitere Haushaltsangehörige notiert. Kinder, die dem Haushalt angehören, tauchen so gut wie nie in den Anzeigen auf, obwohl sie durch den Verlust gemeinsamen Familieneigentums aber auch von Alleineigentum und auch durch den Angriff auf die Wohnräume gleichermaßen als Opfer betroffen sind. Sind bei der Anzeigenerstattung Eheleute vor Ort so werden von den Polizeibeamten – in einer traditionellen Vorstellung vom „Haushaltsvorstand" - vermehrt die Ehemänner oder männlichen Lebensgefährten der Hausbewohnerinnen für „notierenswert" erachtet. Kommen bei dem Einbruch Sachen abhanden, die Nicht-Haushaltsangehörigen gehören, - man mag hier an die ausgeliehene Bohrmaschine oder die bei einem Besuch vergessene Geldbörse denken - so finden auch diese als Opfer meistens keine namentliche Erwähnung. Durch die Auswertung von Strafanzeigen einen umfassenden Überblick über *die* Opfer von WED zu bekommen, ist also ein hoffnungsloses Unterfangen. Auch die Hauseigentümer von Mietobjekten, die ja durch die Zerstörung von Fenstern und Türen auch Opfer der WED werden, werden in den Strafanzeigen selten festgehalten. Auf diese Weise lassen sich also nur bruchstückhafte, wenig aussagekräftige Feststellungen über Einbruchsopfer gewinnen. Gleichwohl werden immer wieder Untersuchungen hierzu angestellt. Die zum Teil sehr differenten Ergebnisse seien hier dargestellt.

Opfergeschlecht: Bödiker stellt in ihrer Untersuchung fest, dass bei Singlewohnungseinbrüchen ¾ der Opfer Frauen sind. Sie hält allerdings für möglich, dass diese Feststellung nur auf einer höheren Antwortquote der Frauen unter den Opfern beruht.[86] In der Studie über jugendliche Einbrecher von Wernitznig waren bei den Einzelopfern 56 % männlich und 44 % weiblich.[87] Nach Deegener fallen überwiegend Männer Einbrechern zum Opfer.[88]

Opferalter: Single-Opfer sollen durchschnittlich 51 – 52 Jahre alt sein.[89] In anderen Unter-suchungen liegt das Opferalter bei der Gesamtheit der WED-

---

[86] Bödiker, S. 71
[87] Wernitznig, S. 73
[88] Deegener, S. 30
[89] Bödiker, S. 73

Opfer durch-schnittlich in der Altersklasse der 31 – 50jährigen[90] bzw. bei den 40 – 49jähri-gen, wobei die unter 30jährigen und über 60jährigen deutlich unterrepräsentiert sein sollen.[91]

Viktimisierungswahrscheinlichkeit: Die Wahrscheinlichkeit, Opfer eines Einbruchs zu werden, wich nach einem europäischen Vergleich von Land zu Land voneinander ab. So zeichneten Opferbefragungen zum versuchten und vollendeten Einbruchsdiebstahl Ende der 90er Jahre international folgendes Bild: Finnland 1,2 %, Deutschland 1,6 %, Japan 1,8 %, Polen 3,1 %, Niederlande 3,6 %, USA 3,8 %, Belgien 4,1 %, Kanada 4,4 %, Großbritannien und Wales 5,2 % und Australien 6,6 %.[92] Auffallend zeigt sich im internationalen Vergleich eine deutliche Überviktimisierung bei Haushalten mit Alleinerziehenden: Den Ergebnissen des British Crime Survey 2009 / 10 zufolge tragen das höchste Viktimisierungsrisiko bei WED Haushalte mit Alleinerziehenden (6 %). Bei Haushalten mit beiden Eltern und Kindern liegt es nur bei 2 %, bei Haushalten ohne Kinder ebenfalls bei 2 %.[93] Zu einem ähnlichen Ergebnis kommt Tseloni.[94] Er stellte zudem fest, dass Personen mit höheren Bildungsabschlüssen häufiger WED-Opfer werden als solche mit geringeren Abschlüssen, was aber auch Ausfluss ihres Sozialstatus und eines höheren Wohlstands sein könnte[95]

Opfererwartung und – furcht: Die Erwartung, Opfer eines WED zu werden, wird in der Bevölkerung sehr unterschiedlich beurteilt. Eine Bürgerbefragung in Stuttgart aus dem Jahr 2009 resümiert: 7 % schätzen die Gefahr eines WED als hoch ein, 24 % teils-teils, 69 % als eher gering oder sehr gering. Nach einer aktuellen Umfrage des mit Immobilienvermittlung befassten Internetunternehmens Immoblienscout24 zum WED haben 45 % der Befragten Angst, einem Einbruch um Opfer zu fallen, Frauen mehr als Männer, die 18 – 29jährigen von allen Altersklassen am meisten, die Süddeutschen fühlen sich von allen Deutschen mit Abstand am sichersten. Die Hauptgründe für die Einbruchsangst sind dabei Verunsicherungen durch Medienberichte (49 %) und die Wahrnehmung von Einbrüchen in der eigenen Nachbarschaft (44 %). Dabei steht die Angst vor dem Verlust von Wertgegenständen erst an 6. Stelle. Allem voran geht bei den Betroffenen die Angst, dass der Einbrecher ihnen Gewalt antun könnte (61 %), vor dem Verwüsten der Wohnung und dem Eindringen in die Privatsphäre. Am Ende der Angstskala rangieren die Gefahren, dass den eigenen Kindern (29 %) bzw. den Haustieren (24 %) Gewalt angetan werden könnte.[96]

WED war in einem Ranking von 14 ordnungsrechtlichen und kriminellen Verstößen allerdings erst an 8. Stelle unter den Viktimisierungsängsten der Bevölkerung.[97] Allgemein nimmt die Angst vor Kriminalität bei den Deutschen nicht

---

[90] Deegener, S. 30
[91] Weicht, S. 97; zu einem sehr ähnlichen Ergebnis kommt Bödiker, S. 45
[92] BMI / BMJ, S. 50
[93] Home Office, S. 82
[94] Tseloni, S. 82
[95] a. a. O., S. 84
[96] Immobilienscout24, S. 8 ff.
[97] Schairer, S. 715

die Bedeutung ein, die manchmal vermutet wird: In einem Ranking der Ängste der Deutschen kommen an erster Stelle die steigenden Lebenshaltungskosten mit 63 %, Naturkatastrophen mit 60 % und der Pflegefall im Alter mit 55 %. Die Angst vor Straftaten spielt nur bei 28 % aller Befragten eine Rolle und rangiert auf Platz 15 von 16 Angstfaktoren. Es wurden rund 2400 Personen danach befragt, was ihnen große Angst bereitet. Dabei wurde nach wirtschaftlichen und politischen Sorgen, externen Bedrohungen, persönlichen Sorgen und Umweltängsten gefragt.[98]

Anwesenheit während der Tat: Nach einer Untersuchung der Polizei Köln schwankte zwischen 1995 und 2006 der Anteil der Fälle, in denen die Opfer während des Einbruchs anwesend waren, zwischen 3 % und 7 %. Die Fälle, in denen die Geschädigten die Täter auf frischer Tat überraschten, bewegten sich in dieser Zeit zwischen 1 % und 3 %.[99] Meyr registrierte gleichfalls eine Anwesenheitsquote von 7 %,[100] in einer anderen deutschen Untersuchung waren es sogar 14 %.[101]

Auf die Opfer wirken die Taten nicht nur materiell, sondern in ganz erheblichem Maße auch seelisch, wie in der Einleitung dieser Arbeit bereits festgestellt wurde. Die psychischen Tatfolgen veranlassen die Opfer zum Teil auch zu nicht unerheblichen Verhaltensänderungen in ihrem Alltag. Nach Kilchling ist Wohnungseinbruch nicht nur ein Eigentums-, sondern auch ein Gewaltdelikt. Die Forschung hält hierzu zahlreiche Befunde vor.[102]

Psychische Tatfolgen: Nach Weicht haben 40 % der Opfer nach der Tat mehr Angst.[103] Eine niederländische Studie zeigt bei 19 % der WED-Opfer als Tatfolge psychische Probleme an.[104] Deegener untersuchte in seiner Studie die Gefühle der Opfer gegenüber den Tätern, psychosomatische Tatfolgen und das Schadenserleben nach der Tat. Auf die Frage, welche Gefühle die Opfer eines Wohnungseinbruchs nach der Tat gegen den Täter hegen, antworteten sie so (Tab. 1)[105]:

---

[98] R + V Versicherung, o. S.
[99] Polizei Köln, S. 14
[100] Meyr (5 / 2006)), S. 118
[101] Weicht, S. 97
[102] Kilchling, zitiert nach Dvorsek, S. 626
[103] Weicht, S. 97
[104] Kohl 2001, S. 113
[105] Deegener, S. 40

Art des Gefühls	% der Befragten
Abneigung	93
Wut	96
Hilflosigkeit	87
Scham	18
Ekel	40
Furcht	68
Mitleid	23
Gleichgültigkeit	40

(Tab. 1)

Aber auch die Wünsche gegenüber dem Täter brachten die Befragten zum Ausdruck: 98 % der Opfer wünschten sich, dass der Täter die Tat büßen muss, 91 % eine Wiedergutmachung für das Angerichtete, ebenso viele ein „Aus dem Verkehr ziehen", 93 % Abschreckung vor Wiedergutmachung, doch immerhin 91 % gönnten den Tätern Hilfe zur Eingliederung in die Gesellschaft.[106] Das Ausmaß psychosomatischer Störungen ist sowohl in seiner Vielfalt wie auch in seinen Ausmaßen erschreckend. Nach Deegeners Studie stellt es sich bei den Einbruchsopfern wie folgt dar (Tab. 2)[107]:

Psychosomatische Störungen	% der Befragten
Kopfschmerzen	22
Magen- / Darmbeschwerden	22
Herz- / Kreislauferkrankungen	24
Atemstörungen	13
Rastlosigkeit	26
allergische Reaktionen	7
Infektanfälligkeit	10
Schweißausbrüche	24
nervöses Augenzwinkern	7
Zuckungen des Mundes	7
Ängste	54
Zittern	20
Appetitlosigkeit	11
Heißhungeranfälle	10
Traurigkeit	31
Ein- und Durchschlafstörungen	42
Schwermütigkeit	19
Angst- und Albträume	29
Nervosität	39
Depressive Verstimmungen	18
Selbstmordgedanken	1
Selbstmordversuch	4

(Tab. 2)

---

[106] a. a. O., S. 45
[107] a. a. O., S. 67

49

Die Einbruchsschäden werden von den Opfern sehr unterschiedlich erlebt: Je 88 % hatten Angst wieder Opfer zu werden und ärgerten sich über den bürokratischer Aufwand, 77 % belastete der materielle Schaden, 76 % der Zeitverlust, 70 % der seelische Schaden, 25 % beklagten die Vorwürfe durch andere, 10 % den körperlichen Schaden.[108] Nach Hermanutz lösen WED bei Kindern starke Ängste und Schlafstörungen aus. Sie wollen teils nicht mehr alleine in ihren Zimmern oder in der Wohnung zurückbleiben.[109] Vor allem ältere, alleinstehende Frauen sind noch monatelang Ängsten und Beeinträchtigungen ihrer Lebensqualität ausgesetzt.[110] Auch Bödiker stellt in ihrer Untersuchung starke psychische Folgen bei den Opfern fest. Rund zwei Drittel haben Angst, wieder Opfer eines Einbruchs zu werden, jeweils mehr als ein Drittel fürchtet sich, alleine zuhause zu bleiben, hat Schlafstörungen bzw. Angst vor möglichen Reaktionen des Täters, knapp die Hälfte fürchtet sich beim Nachhausekommen. Bei diesen Gruppen bestehen diese Probleme in starker und bei weiteren Opfern immerhin noch in abgeschwächter Form. Psychisch besonders stark leiden ältere und solche Opfer, die zur Tatzeit anwesend waren.[111] Schmelz befragte 1999 70 WED-Opfer danach, ob sie sich seit der Tat in ihrer Wohnung noch wohl fühlen. War dies vor der Tat bei 93 % der Befragten der Fall, so bejahten die Frage für die Zeit nach dem Ereignis nur noch 36 %. Die Gründe für die Senkung des Wohlgefühls: Eingriff in die Intimsphäre, Angstzustände, allgemeines Unsicherheitsgefühl, Angst vor neuem Einbruch sowie ein Unsicherheitsgefühl beim Nachhausekommen.[112] Die Techniken, mit denen die Opfer die Taten verarbeiteten sind vielfältig. Ein Drittel entlastete sich von dem Erlebten durch Gespräche mit Freunden und Familie, knapp 20 % verdrängten die Tat und zwischen 3 und 7 % kämpften bewusst gegen ihre Angstzustände an, gönnten sich Ablenkung, um zu vergessen oder nahmen Medikamente gegen ihre Angst ein.[113] Nach Dvorsek rangieren die Opfer von WED in der Skala der psychisch schwer Beeinträchtigten mit 24 % direkt nach Opfern von Gewalttaten mit 30 %.[114]

Verhaltensbezogene Tatfolgen: Im Gefolge der psychischen Probleme, die der Wohnungseinbruch bei den Opfern auslöst, steht auch eine Vielzahl von Verhaltensänderungen, die zum Teil eine Einbuße an Lebensqualität mit sich bringen. Die Opfer versuchen mit der Modifikation ihres Alltags zum Teil ihre Ängste abzubauen, zum Teil wollen sie ihrer fortan erhöht wahrgenommenen Gefahr einer erneuten Viktimisierung begegnen. 84 % der Befragten gaben in der Untersuchung von Bödiker an, seit dem Einbruch Verhaltensänderungen zu zeigen. So gaben fast 90 % an, beim Verlassen des Hauses intensiver zu prüfen, ob Türen und Fenster geschlossen sind und 13 % verließen seltener das Haus als zuvor. Dabei kamen Verhaltensänderungen öfter vor, wenn die Opfer zur Tatzeit zuhause gewesen waren.[115] Auch lassen WED-Opfer nach der Tat

---

[108] Deegener, S. 78
[109] Hermanutz, S. 45
[110] a. a. O., S. 44
[111] Bödiker, S. 90
[112] Schmelz (2000), S. 2 f., ähnlich auch Dvorsek, S. 626
[113] a. a. O., S. 5
[114] Dvorsek, S. 626
[115] Bödiker, S. 84 ff.

Wertsachen nicht mehr bedenkenlos offen liegen, mehr Opfer achten bei beim Verlassen der Wohnung aufs Abschließen, die Zahl derer, die Zusatzschlösser hatten, verdreifachte sich und doppelte so viele schlossen vor dem Weggehen alle Fenster. Vor den Taten besaßen zwei Opfer Alarmanlagen, danach 16. Ein Viertel gab an, nun verstärkt auf Geräusche bei Nachbarn zu reagieren und 14 % bauten einen verstärkten Kontakt zu den Nachbarn auf. Informationen über geplante Urlaube fanden aber eher selten statt. Dreimal so viele Opfer hatten nach der Tat Angst, wieder viktimisiert zu werden.[116] Bei einer Untersuchung zur Wirksamkeit der Beratungen Kriminalpolizeilicher Beratungsstellen wurde festgestellt, dass WED-Opfer die Ratschläge häufiger umsetzten als Nicht-Opfer, die anlassunabhängig eine Beratung der Polizei in Anspruch genommen hatten. Fast jeder zehnte der Befragten bewerteten die Ratschläge hinsichtlich ihrer finanziellen Realisierbarkeit als schlecht.[117] In einer Umfrage der Internetplattform Immobilienscout, die sich allerdings nicht gezielt an Personen wandte, die bereits einbruchsgeschädigt waren, wurden von den Befragten folgende Maßnahmen zur Vermeidung von Einbrüchen genannt: Abschließen von Fenstern und Türen (75 %), Anbringen von Sicherheitsschlössern (47 %). Jeweils ein gutes Drittel versucht sich durch Rollos bzw. die Benachrichtigung von Freunden und Nachbarn bei Abwesenheiten zu schützen. Weniger als 20 % der Befragten benannten Hunde, Licht anlassen, Zeitschaltuhren, Tresore, Alarmanlagen, Überwachungskameras und das Laufenlassen von Fernsehern zur Vortäuschung der Anwesenheit.[118] Während in einer österreichischen Untersuchung immerhin 17 % der befragten WED-Opfer angaben, dass sie seit der Tat den Wunsch haben, die Wohnung zu wechseln, setzten dies 4 % sogar um.[119]

Einen maßgeblichen Anteil an der Kriminalitätsvorstellung und damit auch an der Kriminalitätsangst in der Bevölkerung hat übrigens die Polizei. Sie selektiert die Sachverhalte, die an die Medien mitgeteilt werden. Die volkstümliche Vorstellung, dass Kriminalität ständig zunimmt und immer bedrohlicher wird, ohne dass dies der objektiven Kriminalitätslage entspricht, ist im Wesentlichen Ausfluss der Mediendarstellung des Verbrechens. Das öffentliche Bild der Kriminalität speist sich in hohem Maße aus dieser Quelle, die keineswegs die Realität widerspiegelt.[120]

Die Ruhrgebiets-Untersuchung

Auf eine Erhebung der Opferdaten wurde hier verzichtet, da sie im Rahmen einer Aktenauswertung als problematisch angesehen wird. Die Gründe liegen in der äußerst unvollständigen Opfererfassung bei Anzeigenerstattung und wurden oben schon unter dem Abschnitt „Forschung und Praxis" beschrieben.

---

[116] Schmelz (2000), S. 3 f.
[117] Bräutigam, S. 164 f.
[118] Immobilienscout24, S. 11
[119] Schubert-Lustig, S. 15
[120] Eisenberg, S. 787

3.3.4 Tatorte

<u>Forschung und Praxis</u>

Vor allem die Präventionsforschung hat ein starkes Augenmerk auf die Tatobjekte gerichtet, da man sich hiervon eine Antwort auf die Frage erhofft, wie Täter am besten vom Eindringen ins Tatobjekt abgehalten werden können. Dieser Ansatz arbeitet mit der Hypothese, dass es vor allem technische Sicherungen am Haus sind, die den Täter zum Erfolg kommen oder scheitern lassen und weniger andere Einflussfaktoren wie etwa Störungen durch Personen.

Von der *Objektlage* her wirken Tat begünstigend insbesondere Randlagen von Siedlungen und abgeschieden gelegene Objekte[121], Objekte in der Nähe von Drogentreffpunkten und deren Anmarschwegen[122] sowie in der Nähe junger oder auch krimineller[123] Wohnbevölkerung. Nach Weisel wirken Tat fördernd auch Lagen in der Nähe von Einkaufszentren, Sportarenen, Bahnstationen und Vierteln mit insgesamt hoher Kriminalität, aber auch an Durchgangsstraßen, da für die Anwohner Fremde schwerer auszumachen sind und sich die TV unauffälliger mit dem Objekt vertraut machen können. Zudem sieht sie eine Präferenz für Häuser, die zuvor schon von Einbrechern heimgesucht worden sind, weil die einbruchsbegünstigenden Faktoren oft dieselben wie vorher sind, sowie für Häuser in unmittelbarer Nachbarschaft bereits betroffener Objekte. Stärker betroffen seien auch Häuser an Straßenecken, weil sie oft weniger Nachbarn haben (Endhaus) und weil sie im städtischen Bereich von roten Ampeln aus unauffälliger zu beobachten seien.[124] In einem länderübergreifenden Vergleich stellen Tseloni et al. fest: Während Einbrüche in reicheren Gegenden eher das Ergebnis von geplanten Einbruchstouren sind, unterliegen WED in weniger wohlhabenden Bezirken mehr den Tagesroutinen der Einbrecher[125], wenn etwa von den Tätern Objekte ausgewählt werden, die an ihren Routen zu Drogenumschlagplätzen oder Milieutreffpunkten liegen.[126] Mit Blick auf die Ortsgröße betroffener Objekte stellt der British Crime Survey 2010 fest, dass die WED-Wahrscheinlichkeit für Haushalte in Städten mit 2,5 % mehr als doppelt so hoch ist wie in ländlichen Gegenden (1,1 %).[127] In der Täterbefragung der Universität Bochum brachten die Befragten allerdings vor, Objekte in Industriegebieten und ländlichen Gegenden würden bevorzugt.[128] Tat hemmend wirken eher dichte Bebauung, Polizeiwachen und noch mehr sogar Taxistände in der Nähe der Objekte[129] sowie Armenviertel.[130] Eher bedeu-

---

[121] Deutsches Forum für Kriminalprävention, S. 17; genauso Weicht, S. 95, Deusinger, S. 108 und S. 167, Weisel, S. 7

[122] Weisel, S. 6., genauso Tseloni, S. 84

[123] Tseloni, S. 82

[124] Weisel, S. 8

[125] Tseloni, S. 84

[126] a. a. O., S. 82

[127] Home Office, S. 82; als starken Förderfaktor sieht dies auch Tseloni (S. 82) für Orte ab 250.000 Einwohner; die PKS, S. 166, zeigt eine starke Überrepräsentation für Orte über 500.000 Einwohner

[128] Deutsches Forum für Kriminalprävention, S. 17

[129] Krainz, S. 41 ff.

[130] Deusinger, S. 167

tungslos sollen nach Weicht Objektlagen in Autobahnnähe[131] sein, obwohl diese nach den Theorien vieler Polizeipraktiker wegen kurzer Fluchtwege hoch Tat anreizend sein sollen. Nach Krainz ist 40 % der Täter die Lage des WED-Objektes egal, wogegen die von ihm gleichfalls befragten Polizeibeamten, Versicherungsfachleute und Opfer die Lage als äußerst entscheidendes Kriterium für die Objektauswahl vermuten[132] Nach einer 2008 im niederländischen Enschede durchgeführten Untersuchung wirken Objektlagen in der Nähe öffentlicher Einrichtungen, also von Kindergärten, Sportplätzen etc. eher einbruchshemmend. Vermutet wird, dass dies mit einer stärkeren Frequentierung dieser Bezirke durch Anwohner zu tun hat und damit in erhöhtem Maße soziale Kontrolle wirkt.[133]

Einer guten *Einsehbarkeit* der Objekte wird in fast allen Untersuchungen, die diesen Aspekt betrachten, eine stark hemmende Wirkung auf die Täter zugesprochen. Im Gegensatz dazu wirken dichte Gebüsche, Windabweiser, abgeböschte Fenster, Kellereingänge unter Erdniveau und generell Grundstücke mit dichtem Bewuchs Tat anreizend, da sie dem Täter bei seiner Arbeit Sichtschutz und Deckung bieten[134] In der Studie der Universität Bochum war dieses Objektmerkmal vielen befragten Tätern allerdings gleichgültig. Die in derselben Untersuchung befragten Polizeibeamten äußerten die Einschätzung, dass die Einbrecher eher Objekte mit gutem Sichtschutz suchen[135]

Mit Blick auf den sichtbaren *Wertstandard* des Objektes bevorzugt nach Krainz wegen der hohen Beuteerwartung mehr als die Hälfte der TV aufwändige und sehr aufwändige Objekte.[136] Dementsprechend gibt es allerdings auch Täter, die solche Objekte gerade nicht aussuchen.

Für die Auswahl entscheidend sind auch die *Objektzugänge*. Besonders attraktiv wirken Objekte mit Fenstern, die ohne Hilfsmittel erreicht werden können, gefolgt von Kellerfenstern, Balkonen und Terrassentüren.[137] Fischer stellt fest, dass Terrassentüren und –fenster mit 50 % am stärksten gefährdet sind und besonders doppelflügelige Terrassentüren wegen ihrer Instabilität den Vorzug finden. Herkömmliche Fenster lassen sich nach seiner Erkenntnis von den TV in 10 – 15 Sekunden öffnen. Bei Mehr- wie Einfamilienhäusern liegt der häufigste Einstieg im Parterre. Die häufig geäußerte Vermutung, in Mehrfamilienhäusern seien die oberen Etagen besonders betroffen, sieht er nicht bestätigt. Allerdings erkannte er eine gewisse Beliebtheit in höheren Etagen gelegener Fenster und Balkone, da die Bewohner sich dort in Sicherheit wiegen und die Fenster und Balkontüren häufig offen lassen [138] Die vom Deutschen Forum für Kriminalprävention in Auftrag gegebene Täterbefragung erbrachte,

---

[131] Weicht, S. 95
[132] Krainz, S. 35
[133] Montoya et al., S. 55
[134] Fischer, S. 7, aber auch Deusinger, S 108 und 167, Deutsches Forum für Kriminalprävention, S. 21, Krainz, S. 75, Weicht, S. 95, Weisel, S. 9
[135] Deutsches Forum für Kriminalprävention, S. 17
[136] Krainz, S. 47, ähnlich Deusinger, S. 108
[137] Krainz, S. 50, ähnlich auch Deusinger, S. 108
[138] Fischer, S. 7

dass einige Täter auch auf gute An- und Abfahrten sowie Beuteabtransport-wege ein Auge haben.[139]

Die *Anwesenheit von Bewohnern* im Objekt ist gleichfalls ein Auswahlkriterium der Täter. Viele legen Wert darauf, dass sich im Objekt zur Tatzeit niemand aufhält.[140] Als eindeutige Indizien für eine kurze Abwesenheit der Bewohner betrachten TV nach Krainz vor allem

* offene Fenster (37 %),
* das Laufenlassen von elektrischen Geräten (35 %)
* sowie offene Garagentore (32 %).

Eine längere Abwesenheit erkennen sie vornehmlich an

* nicht entleerten Briefkästen und herumliegenden Zeitungen (60 %),
* geschlossenen Fensterläden und unbeleuchteten Fenstern am Abend (52 %).
*

Als sichere Indizien für die Anwesenheit werden vor allem angesehen:

* Schein des Fernsehers (73 %),
* Geräusche (71 %),
* Licht (65 %).[141]

Das *Verhalten von Bewohnern* entscheidet ebenfalls über die Wahrschein-lichkeit eines WED. Häufiger betroffenen sind auch Häuser mit Bewohnern, die ein geringes Sicherheitsbewusstsein zeigen, etwa durch offen stehende Haustüren und Fenster. Häuser, die über längere Zeiträume leer stehen und Häuser, die über den Tag hinweg länger unbewohnt sind, sind häufiger betroffen, ebenso Häuser mit höherer Fluktuation von Ein- und Auszügen.[142]

Nachbarn und Passanten wirken als Entscheidungskriterium für Objektaus-wahlen und Tatausführungen. So werden von den Tätern insbesondere Nach-barn gefürchtet, die direkt auf das Tatobjekt schauen können oder aufmerksam sind.[143] Besonders abschreckend wirken dabei Nachbarn mit Hunden.[144] Aller-dings haben viele Täter auch die Erfahrung gemacht, dass Tatlärm von Nach-barn und Passanten ignoriert wird.[145] Andere haben in ihrer kriminellen Arbeit feststellen können, dass eine hohe Bevölkerungsdichte für Anonymität sorgt und Störungen durch Passanten und Nachbarn weniger zu erwarten sind.[146]

---

[139] Deutsches Forum für Kriminalprävention, S. 17
[140] a. a. O., S. 18
[141] Krainz, S. 154 ff.
[142] Weisel, S. 8
[143] a. a. O., S. 9, und Deutsches Forum für Kriminalprävention, S. 21
[144] Krainz, S. 53
[145] Deutsches Forum für Kriminalprävention, S. 17
[146] Krainz,.S. 35 ff.

Sicherungstechnik: Nach Feststellung der Uni Bochum bietet gute Sicherungstechnik gegen die Mehrheit der Einbrecher Schutz, allerdings nicht gegen hoch professionelle.[147] Mit Blick auf konkrete Sicherungstechnik zeigt sich ein relativ hoher Abschreckungsfaktor von Alarmanlagen[148], insbesondere bei Spontantätern.[149] Von den von Krainz interviewten Einbrechern gaben immerhin drei Viertel an, eine Attrappe nicht von einer echten Alarmanlage unterscheiden zu können, ein Drittel versucht, die Anlagen gezielt auszulösen.[150] Während zwei Drittel bei Auslösung einer Alarmanlage aufgibt, rafft ein Viertel danach immerhin noch etwas Beute zusammen und flüchtet erst dann.[151] Er stellt weiter fest: Bei unerwarteten Schließmechanismen suchen sich 43 % der TV einen andere Einstiegsstelle, ein Viertel nimmt auch unter erhöhtem Risiko eine Überwindung in Kauf, ein Viertel gibt auf. Bei hohem Kraftaufwand setzen 71 % die Tat fort.[152] Unter den besonderen Sicherungsmaßnahmen an Balkon- und Terrassentüren wirken auf die TV abhaltend: Zu 61 % separate Schließmechanismen, zu 46 % Rollläden, die oben und unten gesichert sind. Abschließbare Türhebel wirken nur auf 28 % der TV abhaltend.[153] Unter den elektronischen Sicherungsmaßnahmen haben Torkameras, Glasbruchmelder, Scheinwerfer mit Alarmanlagen und Sirenen zu je 60 – 70 % abschreckende Wirkung, Hausbeleuchtung zu 43 %.[154] Bei unerwarteten Raumfallen wie Lichtschranken geben zwei Drittel der TV auf.[155] Von Bewegungsmeldern lassen sich Täter mehrheitlich nicht beeindrucken.[156]

Eine *Festlegung auf bestimmte Objekte* wie z. B. Villen besteht bei vielen Tätern nach Feststellung der Universität Bochum nicht.[157]

Die Frage, welchen Einfluss *Hunde* auf die Objektauswahl des Täters und die Tatausführung haben, findet in den vorliegenden Untersuchungen keine einheitliche Antwort. Krainz stellt in seiner Täterbefragung fest, dass Hunde unter den Täterabschreckungen unmittelbar nach guten Einsichtsmöglichkeiten der Nachbarn auf das Tatortgrundstück direkt den zweiten Platz einnehmen. Die Hälfte soll beim Anblick eines Hundes postwendend flüchten.[158] Immerhin ein Fünftel glaubt an die Anwesenheit eines Hundes schon alleine deshalb, weil eine entsprechende Warntafel am Haus angebracht ist. Beim überraschenden Antreffen eines Hundes im Objektes geben mehr als 40 % der TV auf, 30 % lenken ihn ab, 9 % wenden Gewalt gegen das Tier an und 7 % füttern ihn.[159] Beim Versperren des Fluchtweges durch den Hund, sind sogar fast 20 % zur

---

[147] Deutsches Forum für Kriminalprävention, S. 21; mit gleichem Ergebnis registrieren Deusinger, S. 108 und S 115, und Weisel, S. 13, die Attraktivität schlecht gesicherter Häuser
[148] Krainz, S. 103, Deusinger, S. 115 und 167 sowie Weisel, S. 13
[149] Krainz, S. 103
[150] Krainz, S. 111 f.
[151] a. a. O., S. 117
[152] a. a. O., S. 75 f.
[153] a. a. O., S. 99
[154] a. a. O., S. 103
[155] Krainz, S. 116
[156] Weicht, S. 98, ähnlich auch Krainz, S. 103
[157] Deutsches Forum für Kriminalprävention, S. 18
[158] Krainz, S. 53, mit ähnlichem Ergebnis auch Weisel, S. 8
[159] Krainz, S. 120 f.

Gewalt bereit.[160] In einer anderen Untersuchung wird festgestellt, dass Hunde vor allem bei Profieinbrechern keine abschreckende Wirkung haben sollen.[161]

Regelmäßige *Polizeistreifen* am Tatobjekt wirken nach Krainz auf ein Drittel der Täter abschreckend. Die von ihm ebenfalls hierzu befragten Polizeibeamten überschätzten allerdings ihre Wirkung und glaubten, dass dies bei 94 % der Täter der Fall sei. Eine erhebliche Zahl der Täter geht davon aus, dass Polizeibeamte in der Nähe ihrer Wache unaufmerksamer sind als an anderen Orten, während die befragten Polizisten wiederum zu 94 % von der Abschreckungswirkung ihrer Wache auf Einbrecher in der Umgebung überzeugt waren.[162]

Zur *Entfernung TV-Wohnung / Tatort* stellt Krainz fest, dass mehr als die Hälfte der Täter immer oder manchmal im eigenen Wohngebiet aktiv wird. Rund 40 % meiden ihr eigenes Wohngebiet allerdings als Arbeitsgebiet.[163] Auch in anderen Untersuchungen kommt es zu diesem Ergebnis, wobei jüngere Täter eher zu Einbrüchen in ihrer Umgebung neigen als ältere. Ein erheblicher Teil der Jüngeren bricht sogar in der eigenen Straße oder im selbst bewohnten Haus ein.[164] *Einfamilienhäuser* sind überdurchschnittlich oft von WED betroffen. Sie machten in der Untersuchung von Fischer 1998 11 % der Wohneinheiten, aber rund 30 % der Einbruchsobjekte aus.[165]

Sonstige Einflussgrößen: Weisel stellt eine besondere Gefährdung für Häuser fest, die zuvor schon von Einbrechern heimgesucht worden sind, weil die einbruchsbegünstigenden Faktoren oft dieselben wie vorher sind.[166] Kein hemmender Zusammenhang konnte in einer niederländischen Studie zwischen dem verstärkten Aufkommen von „Wachsamer Nachbar"-Schildern an Häusern und Wohnungseinbrüchen festgestellt werden.[167] Offensichtlich haben derartige Warnschilder ohne eine auch tatsächlich wahrnehmbare Aufmerksamkeit von Viertelbewohnern keinen Einfluss auf die Täter.

Nach Feststellungen von Johnson und Bowers funktioniert ein erheblicher Teil der Wohnungseinbrüche nach einem Serienmuster, das in der Zoologie als Theorie der optimalen Futtersuche „(optimal foraging theory") bezeichnet wird. Danach wickeln Tiere mit natürlichen Feinden die Futtersuche in kürzestmöglicher Zeit ab, um die Gefahr, von anderen Tieren angegriffen und gefressen zu werden, zu vermindern. Zugleich suchen sie das Futter in kürzerer Zeit mehrfach hintereinander in solchen Bezirken, in denen sie bei der Futtersuche erfolgreich waren, wechseln aber, um für ihre Feinde nicht berechenbar zu

---

[160] a. a. O., S. 123
[161] Deutsches Forum, S. 21
[162] Krainz, S. 41 f. und 45
[163] Krainz, S. 150
[164] Weisel, S. 16 und auch Wernitznig, S. 78
[165] Fischer, S. 4; in der Untersuchung der Polizei Köln, S. 2, wird dies tendenziell auch festgestellt, allerdings nur in einer Überhöhung von 19 % im Verhältnis zu Mehrfamilienhäusern.
[166] Weisel, S. 7
[167] Montoya et al., S. 54

sein, innerhalb des Bezirkes die Örtlichkeit.[168] Johnson und Bowers wiesen in einer Untersuchung in Merseyside, Großbritannien, in der sie anhand eines geografischen Computersystems Paare von Einbruchsfällen visualisierten, nach, dass Einbrecher häufig nach diesem Muster vorgehen. Kommt es zu einem WED, so wird es innerhalb eines Umkreises von 100 m und innerhalb von 30 Tagen häufig zu einem weiteren Fall kommen. Häufig sind benachbarte Straßen von dem zweiten Fall des Einbruchspaares betroffen. Der Täter „tänzelt" gewissermaßen zeitlich und räumlich innerhalb eines für ihn attraktiven Bezirkes, um einerseits der Polizei, die auf Tatkonzentrationen achtet, zu entgehen, und andererseits den Bezirk optimal ausbeuten zu können.[169]

Die Ruhrgebiets-Untersuchung

Der anfängliche Versuch, eine umfassendere Erhebung zu den Merkmalen der Tatobjekte zu erheben, wurde schnell wieder aufgegeben, nachdem festzustellen war, dass viele Merkmale wie etwa die Zugänglichkeit zum Grundstück, mögliche Tat fördernde Sichtbehinderungen am Objekt oder Sicherungseinrichtungen nicht oder nur lückenhaft aus den Ermittlungsakten hervorgingen. Daher wurden nur einige sichere Merkmale erhoben, nämlich die Unterscheidung nach Ein- und Mehrfamilienhäusern sowie sonstigen Objekten und der Zugang, der an den Objekten von den Einbrechern gewählt wurde. Es konnte festgestellt werden, dass 74 % der Objekte Mehr- und 24 % Einfamilienhäuser waren. 2 % fielen unter „Sonstige Objekte" (Abb. 21). Es handelte sich dabei etwa um mehrere Bauernhöfe, einen dauerhaft bewohnten Wohnwagen und ein Appartement in einem Seniorenwohnheim. Erwartungsgemäß war der Anteil der betroffenen Einfamilienhäuser in dem ländlichen Kreis Wesel mit 48 % höher als in den beiden Großstädten Mülheim (23 %) und Oberhausen (17 %). Der Zugang in die Wohnungen erfolgte in 102 Fällen (34 %) über Fenster, 90mal über Wohnungstüren (30 %), 49mal über Terrassentüren (16 %), 31mal über Haustüren und 30mal über Balkontüren (je 10 %). Hinzu kamen 23 Fälle (8 %), in denen der Einstieg entweder nicht sicher war oder aber insbesondere Kellertüren zum Betreten des Hauses angegangen wurden (Abb. 22). Der Anteil der Einbrüche, bei denen das Objekt von der Hausrückseite her angegangen wurde, lag, wenn man die Aufbrüche von Wohnungstüren herausrechnet, bei über 80 %.

---

[168] Johnson et al., S. 55
[169] a. a. O., S. 57 ff.

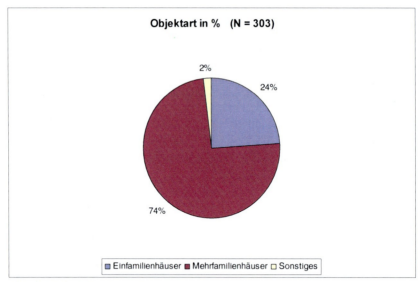

Abb. 21 (Quelle: Eigene Erhebung)

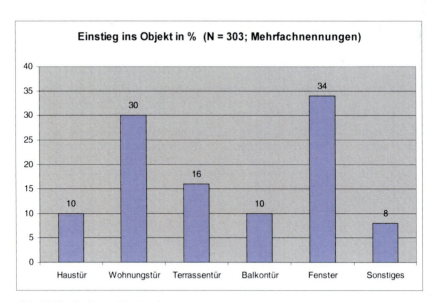

Abb. 22 (Quelle: Eigene Erhebung)

3.3.5 Tatzeiten

Forschung und Praxis

Die PKS gibt über die Tatzeiten nur sehr beschränkt Auskunft, indem sie eine Erfassung nach Tageswohnungseinbrüchen (6 – 21 h) vornimmt und nach Wohnungseinbrüchen (nachts, außerhalb der obigen Zeiten sowie alle Fälle, in denen nicht sicher gesagt werden kann, dass die Tat zwischen 6 – 21 h erfolgt ist).[170] Eine vollständige Messung von bevorzugten Tageszeiten und Wochentagen anhand polizeilicher Anzeigen ist nicht möglich, weil sich in vielen Fällen die Tatzeiträume über viele Stunden oder sogar mehrere Tage erstrecken, ohne dass gesagt werden kann, wann sich die Taten innerhalb dieser Zeiträume ereignet haben.

Die Heidelberger Untersuchung von Bödiker stellt Einbruchsspitzenzeiten zwischen 11 und 12 h und ganz besonders in den Abendstunden zwischen 17 und 23 h fest sowie bei den Monaten zwischen Oktober und Dezember.[171] Die Einbrecher, die von Krainz befragt wurden, gaben zu 63 % an, die Nachtzeit für Einbrüche zu bevorzugen. 15 % war die Tageszeit egal. Der hohe Anteil an Nachteinbrüchen überrascht und gibt möglicherweise nicht die Zeiten wieder, die bei den Einbrüchen tatsächlich zum Tragen gekommen sind, sondern die von den Befragten für günstig gehalten werden.[172] Lediglich eine Untersuchung für Mittelhessen weist mit 52 % Nachteinbrüchen einen annähernd ähnlich hohen Wert auf. Dort waren nur 39 % der Einbrüche tagsüber begangen worden. In 9 % war die Zeit nicht näher eingrenzbar.[173] Im Kreis Lippe wurden 79 % aller Taten während der Dunkelheit mit Tendenz zum frühen Abend registriert.[174] In der Studie der Kölner Polizei aus 2006 liegt der Schwerpunkt der Taten zwischen 16.00 h und 22.00 h. 60 % der Einbrüche in Köln sind allerdings Tageswohnungseinbrüche zwischen 8.00 h und 20.00 h.[175] Nach Weisel ereignen sich in den USA die meisten Einbrüche, nämlich rund 60 %, tagsüber, wenn niemand zuhause ist. Diese Größenordnung hat sich von 1961 an entwickelt, als sich gerade einmal 16 % der WED tagsüber ereignet haben. Diese Entwicklung wird auf die verstärkte Berufstätigkeit der Frauen zurückgeführt, die Frauen tagsüber aus dem Haus führt. Zugleich sorgt dieses Phänomen für eine besonders häufige Tatausübung an Wochentagen[176] Im Jahresverlauf wird mehrheitlich ein Ansteigen der Taten während der dunklen Jahreszeiten von Oktober bis März festgestellt.[177] Lediglich für Taten jugendlicher Täter wird ein verstärktes Aufkommen gerade für die Zeit zwischen Juni und August bemerkt.[178] Das häufig geäußerte Stereotyp „Urlaubszeit gleich Ein-

---

[170] Verlag Deutsche Polizei, Bu 54-3, S. 103
[171] Bödiker et al., S. 67 f.
[172] Krainz, S. 147
[173] Bräutigam, S. 154
[174] Weicht, S. 95
[175] Polizei Köln, S. 3 (der Autor des Aufsatzes gebraucht den Begriff „Tageswohnungseinbruch" offensichtlich abweichend von den PKS-Richtlinien, die den TWE zwischen 6 h und 21 h festlegen)
[176] Weisel, S. 4
[177] Weicht, S. 95, aber auch Polizei Köln (2006), S. 3
[178] Wernitznig, S. 89

bruchszeit" sieht Krainz in seiner Untersuchung bestätigt.[179] Dass dies nicht zutrifft und das genaue Gegenteil der Fall ist, konstatiert die Untersuchung der Polizei Köln aus dem Jahr 2006. Nur 6 % aller WED sollen sich danach während der Urlaubsabwesenheit der Opfer ereignet haben.[180] In der Summe aller Ergebnisse scheinen also zeitliche Spitzenwerte ab 17 h – 22 h sowie jahreszeitlich in der dunklen Jahreszeit ab Oktober erreicht zu werden.

Die Ruhrgebiets-Untersuchung

Hypothese: WED ereignen sich überwiegend tagsüber (6 – 22 h)

Vor dem Hintergrund, dass nur ein Teil der Tatzeiten sicher bestimmbar ist, da der Zeitpunkt bei Zeiträumen über mehrere Stunden oder Tage nicht nachvollziehbar ist, wurden all jene Fälle betrachtet, in denen sich die Tatzeit bis auf einen Zeitraum von maximal zwei Stunden eingrenzen ließ. Dabei wurden sowohl Fälle gewertet, in denen sich der Zeitpunkt minutengenau festmachen ließ (Auslösung einer Alarmanlage; Tatbeobachtung eines Zeugen) wie auch solche, in denen sich der Tatzeitraum auf maximal zwei Stunden eingrenzen

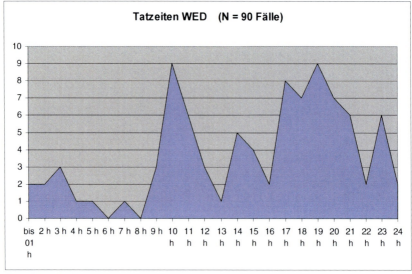

Abb. 23 (Quelle: Eigene Erhebung)

---

[179] Krainz, S. 147

[180] Polizei Köln. S. 2; ebenfalls keinen Zusammenhang zwischen Urlaubszeiten und WED stellt Fischer, S. 5, fest. Er weist zudem auf Tagesspitzenbelastungen zwischen 2 – 4 h nachts, 10 – 12 h sowie 16 – 22 h hin. In dieser Zeit sollen sich 62 % aller WED ereignen

ließ.[181] Diese Festlegung traf auf 90 der 303 Fälle (30 %) zu. Dabei kam es zu folgendem Befund: 73 Fälle (81 %) ereigneten sich zwischen 6 – 22 h. Die restlichen 17 Taten wurden zur Nachtzeit, also nach 22 h, verübt. Starke WED-Häufungen gab es zwischen 9 – 13 h und zwischen 16 – 22 h. Der WED ist also ein Tagesdelikt (Abb. 23). Damit traf auch die Einschätzung der meisten der 300 per Fragebogen Interviewten zu.

3.3.6 Tatbeute

Forschung und Praxis

Beuteschaden: Laut Gesamtverband der Deutschen Versicherungswirtschaft (GDV) wurden 2009 bundesweit 370.000 Einbrüche in Privathaushalte mit einem Durchschnittsschaden von rund 1.200 Euro verübt.[182] Dem stehen für dasselbe Jahr rund 113.800 in der PKS registrierte WED mit einem Schadensvolumen von 318.000.000 ☐ gegenüber. Unabhängig davon, dass den Versicherern offenbar eine weitaus höhere Zahl an WED zur Kenntnis gebracht wird als den Strafverfolgungsbehörden, gilt für die Schadensstatistik der Versicherer, dass sich dort der Schadensdurchschnittswert aus dem Beute- und dem durch die TV verursachten Sachschaden speist, während die PKS nur Angaben zum Beutewert macht. Dieser lag in den 71.000 vollendeten Fällen – und nur dabei kommt es ja zu Beute – durchschnittlich bei 4.500 ☐. Der deutlich niedrigere Fallschaden bei den Versicherungen dürfte sich damit erklären, dass dort die zahlreichen Versuche mit Sachschäden oft in lediglich dreistelliger Höhe (Fenster- oder Türreparatur) zu Buche schlagen, die den Durchschnittswert pro Fall natürlich senken.

Beutearten: Ein Überblick über die deutsche und internationale Forschung zeigt durchgängig: Die Hitliste der Beute bei WED wird von Bargeld und Schmuck angeführt. Nach Deusinger gilt dies an 56 % aller WED-Tatorte.[183] Weitere beliebte Beutestücke sind aber auch Münzsammlungen, Computer, Elektroartikel, vor allem Hifi- und Fernsehgeräte und Waffen. Entscheidend ist zumeist, dass die Beute wertvoll, leicht transportabel und gut absetzbar ist[184] Die Täterbefragung von Krainz erbrachte in Bezug auf die von den Tätern erhoffte Beute: Bargeld 94 %, Schmuck 63 %, 40 % Münz- und Briefmarkensammlungen, 30 % Elektrogeräte, je 22 % bargeldlose Zahlungsmittel oder Möbel / Antiquitäten, 7 % Fahrzeuge. Nur jeder fünfte TV gibt an, dass die Beute immer dem Erhofften entspricht, bei einem Viertel ist dies nie der Fall. Jeder 25. TV ist auch schon ohne jegliche Beute wieder gegangen.[185]

---

[181] Bei Zeiträumen bis zu zwei Stunden wurde die volle Stunde, die auf die Mitte des Tatzeitraumes folgte, als Tatzeit angenommen
[182] GDV, S. 118
[183] siehe u. a. Weicht, S. 96; Deusinger, S. 153; Weisel, S. 13
[184] Deusinger, S. 153; Weisel, S. 13
[185] Krainz, S. 178 ff.

Beuteverwertung: Nur ein Drittel der TV macht sich über die Beuteverwertung Gedanken.[186] Nach Weisel behalten einige TV ihre Beute, nach Deusinger nimmt sogar mehr als die Hälfte der TV gelegentlich Beute für sich oder nahestehende Personen in Gebrauch.[187] Eine amerikanische Studie zeigt, dass Einbrecher sich aber typischerweise innerhalb von 24 Stunden ihrer Beute entledigen. Einbrecher neigen dazu, ihre Beute in Leihhäusern, bei Taxifahrern oder bei Inhabern kleiner Geschäfte, an Tankstellen oder in Kneipen zu versetzen. Teilweise wird die Beute auch gegen Drogen getauscht.[188] Gute Beuteabsatzmöglichkeiten haben für die meisten TV einen hohen Stellenwert, allerdings gilt dies bei Plantätern fünfmal so oft wie bei Spontantätern.[189] Etwa je ein Drittel der TV lagert die Beute zunächst bei sich zuhause bzw. bringt sie direkt zum Hehler, 13 % lagern sie in einem vorbereiteten Versteck in Tatortnähe bzw. in sonstigen Verstecken. 31 % der TV warten mit dem Absatz der Beute, 50 % davon 2 – 3 Wochen, 39 % bis fünf Monate und der Rest auch länger.[190] Jeweils ein Viertel der TV hat auch schon mindestens einmal Beute fortgeworfen oder durch Sicherstellungen der Polizei eingebüßt.[191] Mehr als die Hälfte der Täter setzt die Beute in derselben Stadt ab, in der sie entwendet wurde.[192] Die Hälfte der TV wendet sich zum Beuteverkauf an bekannte Hehler, und jeweils rund ein Drittel an Bekannte oder Fremde. Nach Krainz ergaben sich als Beuteerlöse folgende Werte: In 2 % der Fälle 100 %, in 10 % bis 70 %, in 32 % bis 50 %, in 49 % bis 30 % und in den restlichen Fällen 10 % und weniger.[193]

Die Ruhrgebiets-Untersuchung

In der vorliegenden Untersuchung wurden die StA-Akten auch nach Beuteaspekten analysiert. Welches waren nun die gefragtesten Beutegüter?

Hypothese: Einbrecher haben es in der Mehrzahl der Fälle auf Bargeld und Schmuck abgesehen

---

Als Grundgesamtheit werden bei den nachfolgenden Beutezahlen und –quoten die 218 vollendeten Fälle angenommen, in denen es zu einer Mitnahme von Beute durch die TV kam. Durch die Entwendung verschiedener Beutegüter an den einzelnen Tatorten kommt es zu Mehrfachnennungen. Danach wurde in 103 Fällen (47 %) Bargeld gestohlen, in 112 Fällen (51 %) Schmuck und in 85 Fällen (39 %) Uhren. Etwas weniger, aber immer noch recht häufig nachgefragt

---

[186] a. a. O., S. 142
[187] Deusinger, S. 213; bei der Befragung von Krainz nahmen dies sogar 64 % für sich in Anspruch
[188] Weisel, S. 13 f..; nach Deusinger wissen fast alle Täter vor der Tat bereits, wo sie die Beute zu Geld machen können, s. Deusinger, S. 218
[189] Krainz, S. 181
[190] Krainz, S. 190 f.
[191] a. a. O., S. 192
[192] a. a. O., S. 194
[193] a. a. O., S. 192 f.; dies deckt sich im Wesentlichen mit den Feststellungen von Deusinger, der auf Durchschnittserlöse zwischen 33 – 50 % des Beutewertes kommt, s. Deusinger, S. 222

waren bei den Einbrechern Mobiltelefone (51 Fälle = 23 %), Computer (42 Fälle = 19 %) und in 59 Fällen (27 %) Elektroartikel (Abb. 24). Unter letzteren befanden sich – schenkt man den Schadensmeldungen der Opfer Glauben – eine zwei-stellige Zahl von Fernsehgeräten, zahlreiche Spielkonsolen, Navigationsgeräte, Beamer und einiges mehr. Unter der Rubrik „Sonstige Beute" rangierten die Münzsammlungen vorne, aber auch Ausweispapiere und Bankkarten kamen häufiger weg. Bemerkenswerterweise wurden von wenigen Ausnahmen abgesehen Bankkarten und Ausweise nach den Einbrüchen kaum missbräuchlich benutzt. Eher exotische Diebesgüter waren mehrere Methadongaben, die zwei drogenabhängigen Opfern als Drogenersatzstoff ärztlich verordnet worden waren. Aber auch ein Hund und eine Vogelspinne wechselten den Besitzer. Damit waren Bargeld und Schmuck, wie hypothetisch angenommen worden war, tatsächlich die häufigste Einbruchsbeute.

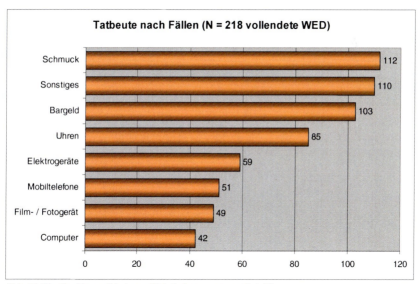

Abb. 24 (Quelle: Eigene Erhebung; Mehrfachnennungen möglich)

3.3.7 Modi operandi

Forschung und Praxis

Ein Praxis relevanter Aspekt in der Einbruchsforschung ist die Objektauswahl. Interessante Einblicke geben dabei die Interviews mit Einbrechern. So erklärten bei Krainz drei Viertel, zufällig zu den Tatobjekten zu gelangen, knapp die Hälfte arbeitete teilweise aber auch mit gezieltem Auskundschaften. Die Beuteerwartung, die sich mit Blick auf ein konkretes Objekt aufbaute, spielte bei gut 40 % der Täter eine Rolle, 15 % arbeiteten auf Auftrag, ein Drittel nutzte Tipps,

Abb. 25: Werkzeuge von Wohnungseinbrechern (Quelle: Kawelovski, eigenes Archiv)

Abb. 26 (Quelle: Archiv Kawelovski) Ziehfix-Gerät „Marke Eigenbau". Die Schraube wird in den Schließzylinder des Türschlosses gedreht und mit dem Kopf in die Zugeinrichtung des Gerätes eingelegt. Durch Drehen des Hebels zieht sich die Schraube ins Gerät bis der Zylinder so unter Spannung gerät, dass er in der Mitte abbricht und herausgezogen werden kann

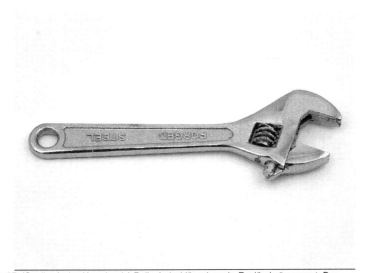

Abb. 27 (Quelle: Archiv Kawelovski) Rollgabelschlüssel, auch „Engländer" genannt. Der Schlüssel wird an überstehenden Schließzylindern angesetzt und deren eingeklemmte Hälfte abgebrochen

die sie von anderen bekamen.[194] Zeit für eine vorherige Beobachtung des Objektes nahm sich mehr als die Hälfte der Täter, 70 % davon bis maximal 2 Stunden, 20 % 2 – 24 Stunden und 10 % über 24 Stunden. Einige beobachten ununterbrochen, andere in Zeitabständen.[195] Beobachtet wurden vornehmlich, ob Hunde beim Objekt sind (60 %), die Lebensgewohnheiten der Bewohner (58 %), ob Polizei oder Wachdienste Streife fahren (58 %) und die Anzahl der Bewohner (53 %).[196] Die Anwesenheit der Bewohner wird von 84 % der TV überprüft, vor allem durch Betätigen der Türglocke (53 %), Telefonanrufe (51 %) oder Überprüfung, ob Türen versperrt sind (43 %).[197] 34 % der TV nutzen Vorwände, um das Objekt auszukundschaften, nämlich als Vertreter (37 %), Handwerker (18 %), Beamte (8 %) oder arbeiten mit sonstige Fragen oder Vorwänden (16 %).[198] Deusinger fand heraus, dass der Entschluss zum Einbruch am ehesten nach sorgfältiger Objektauswahl und Observation fallen soll bzw., wenn eine Art Sucht nach Reiz und Risiko greift.[199] Von der Auswahl der Objekte her sucht der TV nach geeigneten Objekten, insbesondere nach solchen, in denen etwas zu holen sein dürfte. Außerdem steht die Prüfung der Sicherungen des Objektes im Vordergrund.[200]

Vorherrschende *Begehungsarten beim Eindringen* in die Einbruchsobjekte ist nach Feststellung fast aller Untersuchungen das Aufhebeln von Türen und Fenstern[201] mittels Schraubendrehern und Stemmeisen. Relativ stark verbreitet ist auch noch das Eindringen über gekippte Fenster[202] und das Öffnen von Zugängen mittels stumpfer Gewalt, also durch Eintreten oder Einrammen von Türen.[203] Das Einschlagen von Scheiben an Fenstern und Balkonen ist im Verhältnis zu früheren Zeiten stark zurückgedrängt worden[204], da Wohnhäuser heute mehrheitlich mit Thermopaneverglasung ausgestattet sind, deren Zerstörung einen enormen Lärm verursacht und zum Teil einen beachtlichen Kraftaufwand erfordert bis das Glas endlich geborsten ist. Andere Begehungsformen wie der Einsatz von so genannten Ziehfixgeräten, die auf die Schließzylinder wirken, das Abbrechen von Schließzylindern, das Schneiden von Glas, das Anbohren von Fensterrahmen, um dann von außen mit Drahtschlingen die inneren Fensterverriegelungen zu manipulieren, das Durchklettern eingeschlagener Scheiben oder das Durchgreifen durch Katzenklappen und Briefschlitze haben eher Seltenheitswert.[205] Treten sie auf, so sind sie allerdings besonders

---

[194] Krainz. S. 149
[195] a. a. O., S. 151
[196] a. a. O., S. 153
[197] a. a. O., S. 158
[198] Krainz, S. 160
[199] Deusinger, S. 122
[200] a. a. O., S. 129
[201] Bödiker, S. 72 aber auch, Deutsches Forum für Kriminalprävention, S. 18, Fischer, S. 8, Meyr, (2 / 2006),S. 119, Meyr (2 / 2006), S. 309 f., Polizei Köln, S. 15 f., Weicht, S. 96 f.
[202] Nach Bödiker, S. 72, in 9 % aller WED, ähnlich nach Deutsches Forum für Kriminalprävention, S. 18, Fischer, S. 8, 10 %, nach Meyr (2 / 2006), S. 119 immerhin noch 17 %, bei Weicht, S. 97 14 %, und mit ähnlichen Resultaten auch Weisel, S. 14., Polizei Köln, S. 15 f.
[203] Nach Meyr (2 / 2006), S. 199 bei 10 % aller Türen, nach Polizei Köln, S. 15 f., in 5 % der Fälle, nach Feststellung von Fischer, S. 8, jedoch nur in 2 % der Fälle (Fenster) bzw. 4 % (Türen)
[204] Fischer, S. 8, 9 % beim Durchgreifen nach dem Einschlagen von Glas, bei Meyr (2 / 2006), S. 119, dieser Modus in 11 % der Fälle; Weicht, S. 97, unter 10 %; Polizei Köln, S. 15 f., 6 %.
[205] Mit festgestellten Prozentanteilen zumeist im unteren einstelligen Bereich Deutsches Forum, S. 20,

gut geeignet, Tatserien erkennen zu lassen, da ihre Anwendung eher exotisch ist. Die angegriffenen Zugänge sind bei Einfamilienhäuser vor allem Fenster und Terrassentüren[206], bevorzugt auf der Gebäuderückseite[207], bei Mehrfamilienhäusern hingegen überwiegend die Wohnungstüren, gefolgt von Fenstern und Fenstertüren.[208] Die vom Deutschen Forum für Kriminalprävention veranlasste Studie der Universität Bochum gelangt zu dem Ergebnis, dass in Mehrfamilienhäusern Angriffe gegen die Wohnungstüren wegen des geringeren Entdeckungsrisikos meist in den oberen Etagen erfolgen.[209] In jedem 200. Fall ereignet sich der Angriff von außen im 2. OG, also durch das Erklettern des Einstiegs.[210] Verursachen die TV beim Eindringen großen Lärm, so geben 40 % die weitere Tatausführung auf, 30 % machen weiter, 20 % warten ab, 9 % wählen eine andere Einbruchsart.[211] Wird der Zeitaufwand zu hoch, geben 38 % der TV auf, 43 % machen weiter, 14 % wählen eine andere Eindringart.[212] Fischer stellt fest, dass über 45 % der Versuchstaten nachweislich an vorhandenen Sicherungen scheiterten und in 30 % der Fälle die Täter gestört würden. Bei 25 % sei der Grund nicht erkennbar.[213] Hier sei allerdings kritisch angemerkt, dass sich den Tatspuren am Objekteinstieg nicht ansehen lässt, ob der Täter an der Sicherungstechnik gescheitert ist oder geflüchtet ist, weil er durch Geräusche irritiert oder Personen gestört wurde. Nach Feststellung des technischen Sachverständigen Göth ist eine gewaltsame Öffnung von Fenstern teilweise auch ohne mit bloßem Auge sichtbare Spuren möglich. Spuren werden teilweise – wenn überhaupt - erst ist mit leistungsfähiger Vergrößerungstechnik sichtbar. So wird eine gewisse Zahl von Wohnungseinbrüchen möglicherweise weder von den Opfern, noch von der Polizei als solche erkannt.[214] Dass die Zeit der größte Gegner des Einbrechers ist, zeigt der Umstand, dass die Mehrheit der TV nach 2 – 5 Minuten aufgibt, wenn bis dahin das Eindringen nicht gelungen ist.[215]

Drei Viertel aller WED erfolgen in *Abwesenheit der Opfer*.[216] Allerdings gilt dies für eine Spielart des Wohnungseinbruchs, das Homejacking, nicht. Bei dieser Begehungsform kommt es dem Täter darauf an, bei dem Einbruch Fahrzeugschlüssel zu erlangen, um danach auch Fahrzeuge stehlen zu können, die mit Wegfahrsperren gesichert sind. Die Schlüssel sind naturgemäß gerade dann in den Wohnungen zu finden, wenn auch die Bewohner anwesend sind. Die typische Einbruchszeit beim Homejacking liegt bei 1 – 6 h morgens. Zum Dieb-

---

[206] Fischer, S. 8; Meyr (2 / 2006), S. 119; Weicht, S. 97; Polizei Köln, S. 15 f.; Meyr (5 / 2006), 309 f. Meyr (2 / 2006), S. 118;
[207] Weicht, S. 95, kommt auf fast 60 %; nach Krainz, S. 172, dringen 83 % aller TV von der Rückseite her ein, aber 56 % immer wieder einmal auch straßenseitig oder 53 % vom Nachbargrundstück aus.
[208] Deutsches Forum für Kriminalprävention, S. 19; Meyr (2 / 2006), S. 118
[209] Deutsches Forum für Kriminalprävention, S. 18
[210] Meyr (2 / 2006), S. 118
[211] Krainz, S. 93
[212] a. a. O., S. 97
[213] Fischer, S. 8 f.
[214] Göth, S. 134
[215] Deutsches Forum für Kriminalprävention, S. 20; nach Krainz geben rund 40 % der Täter bei hohem Zeitaufwand auf; nach Kohl (2001), S. 139, geben Gelegenheitstäter – anders als Profis – nach durchschnittlich drei Minuten auf
[216] Bödiker, S. 70

stahl der Schlüssel dringen die Täter teilweise auch in die Schlafräume der Opfer vor, was das Sicherheitsgefühl der Opfer wie auch der übrigen Bevölkerung erheblich in Mitleidenschaft zieht.[217]

Das Aufkommen an *Vandalismusfällen*, das in der Bevölkerung mit Angstvorstellungen besetzt ist und offenbar deutlich überschätzt wird, lag in der Untersuchung von Weicht in einem Vergleich mehrerer Städte unter einem Prozent.[218]

Hinsichtlich der *Tatplanung* zerfällt das Forum der Täter in zwei Lager, nämlich in die, die ohne Planung spontan ein Objekt auswählen und solche, die einem konkreten Plan folgen. Bei Ersttätern sind 30 % der Taten geplant, 70 % spontan, mit zunehmender krimineller Erfahrung steigt die Planung aber fast auf die Hälfte an.[219] Die Hälfte der TV versucht vor der Tat allerdings nicht legal in das Tatobjekt zu kommen, um sich einen Eindruck zu verschaffen.[220]

Krainz stellt zum *Vorgehen im Objekt* fest, dass Beute vorrangig in Schreibtischen (87 %), Wäscheschränken (80 %), Küchenkästen, Wäscheschränken und Geschirrschränken gesucht wird (je rund 60 %). 45 % kümmern sich nicht um vorgefundene Tresore, 25 % suchen den Schlüssel, der Rest versucht, die Tresore anders zu öffnen.[221] Leichtere verschlossene Behältnisse werden überwiegend mitgenommen. Schlüssel zu abgeschlossenen Behältnissen werden zu 65 % in Schubladen, zu 43 % hinter Gegenständen und zu 25 % beim Geschirr gesucht.[222] Vorrangig „Suchräume" sind Schlafzimmer, Wohnzimmer und Arbeitszimmer. In der Küche sucht immerhin noch die Hälfte der Einbrecher nach Wertsachen. Kinderzimmer, Flure und Speicher sind eher uninteressant [223] Etwa zwei Drittel der Täter schaffen vorbeugend einen Fluchtweg durch Öffnen von einem oder mehreren Fenstern, Türen oder Kellerzugängen vor. Die Hälfte geht behutsam vor um Spuren zu vermeiden und 17 % so, dass der Einbruch überhaupt nicht bemerkt wird.[224] Zwei Drittel nehmen sich nach dem Eindringen immerhin die Zeit für ein Durchstreifen des Hauses, um sich einen Überblick schaffen oder um zu sehen, ob jemand zuhause ist.[225]

Wie reagieren Wohnungseinbrecher auf *Störungen der Tatausführung*? Aufschluss hierüber geben die Befragungen von Deusinger. Von einem bereits geplanten Einbruch wird am ehesten Abstand genommen beim Entdecken von Hunden und Alarmanlagen sowie dann, wenn überraschend Leute im Haus zu sein scheinen.[226] Eine bereits begonnene Tat wird am ehesten unterlassen, wenn jemand überraschend an den Tatort kommt oder man auch nur meint, es

---

[217] Heimbach, S. 338 ff., aber auch Fischer, S. 7
[218] Weicht, S. 97
[219] Krainz, S. 25, genauso Deusinger, S. 192
[220] Deusinger, S. 263
[221] Krainz, S. 182 f.
[222] Krainz, S. 188
[223] a. a. O., S. 183 f und 185 f. sowie S. 188; mit ähnlichem Ergebnis Deusinger, S. 175
[224] a. a. O., S. 176 f.
[225] a. a. O., S. 174
[226] Deusinger, S. 183

käme jemand bzw. wenn Geräusche gehört werden, die man nicht einordnen kann. Hunde spielen die geringste Rolle.[227] Bei überraschend anspringender Beleuchtung gibt mehr als die Hälfte auf, jeweils jeder fünfte macht weiter oder wartet ab bis „die Luft rein ist". Erscheinen unerwartet Passanten und die Täter werden nicht erkannt, so gilt: 42 % warten ab, 30 % flüchten und 17 % machen weiter. 6 % fangen ein unverfängliches Gespräch an und 2 % wenden Gewalt an.[228] Spricht der Passant sie an, so beginnt die Hälfte ein unverfängliches Gespräch, 37 % flüchten und nur jeder zehnte macht ohne jede Reaktion weiter.[229] Wird man jedoch als Einbrecher erkannt, so flüchten drei Viertel, 11 % fangen ein Gespräch an und nur 5 % machen ohne Reaktionen weiter.[230] Bei überraschendem Auftreten von Hausbewohnern flüchten 70 – 80 % sofort, abhängig davon, ob es sich um junge oder alte bzw. männliche oder weibliche Hausbewohner handelt. Etwa 10 % der TV raffen vor der Flucht schnell noch einige Werte zusammen. Zur Gewalt sind, je nach Person, die erscheint, 5 – 7 % bereit.[231] Erscheinen mehrere Hausbewohner, so flüchten sogar 85 % sofort. Wird durch eine Person der Fluchtweg versperrt, so suchen rund 70 % einen anderen Fluchtweg, 8 – 15 % sind, je nach Alter und Geschlecht der Person, zur Gewaltanwendung bereit. Rund 17 % der Täter geben auf[232]

Sonstige Aspekte des Modus operandi: Die Anreise der TV erfolgt zu 60 % mit eigenen oder fremden Kraftfahrzeugen, zu 27 % zu Fuß, der Rest kommt mit öffentlichen Verkehrsmitteln oder sonstigem.[233] Gut 50 % der TV nehmen beim Eindringen Verletzungsgefahr in Kauf.[234] Die Witterung zur Tatzeit spielt nur für ein Drittel der TV eine Rolle. Bevorzugt werden Nebel (34 %) und Regen (32 %).[235] „Arbeitskleidung" verwenden 61 % der TV, vor allem Handschuhe (83 %), dunkle Bekleidung (58 %) und spezielle Schuhe (41 %). 27 % tragen Overalls, um für Handwerker gehalten zu werden. Verkleidungen wählen nur 16 %, vor allem Gesichtsmasken, Kopfbedeckungen und Overalls.[236] 71 % setzen Werkzeug ein, davon 80 % eigenes und 45 immer dasselbe.[237] An Werkzeugen werden vorrangig Schraubendreher, Brecheisen und Zangen mitgenommen.[238] Zur Öffnung des Objektes bleiben die TV ganz überwiegend einer Methode treu, nur die geringere Zahl stellt sich auf Objekte mit unterschiedlichen Sicherungen ein.[239] Die absolute Mehrheit der TV bevorzugt, alleine einzubrechen. Nur wenige wollen Mittäter dabei haben.[240] Die große Mehrheit der TV weiß schon vor der Tat, was sie an Beute mitnehmen wird.[241] Zwei Drittel nehmen

---

[227] Deusinger, S. 187
[228] a. a. O., S. 195 f.
[229] a. a. O., S. 197
[230] a. a. O., S. 198
[231] Deusinger, S. 200 ff.
[232] a. a. O., S. 205 ff.
[233] Krainz, S. 171
[234] a. a. O., S. 87
[235] a. a. O., S. 145
[236] Krainz, S. 164 f.
[237] a. a. O., S. 166
[238] Deusinger, S. 136
[239] a. a. O., S. 144
[240] a. a. O., S. 203
[241] a. a. O., S. 209

niemals eine Schusswaffe mit, 72 % niemals eine Stichwaffe und 91 % niemals eine Schlagwaffe. Alle anderen tragen gelegentlich oder immer Waffen mit sich. Die befragten Polizeibeamten gingen von einem deutlich höheren Bewaffnungsgrad aus (je nach Waffenart 81 – 100 %).[242] 80 % der TV erklärten, notfalls zum Drohen, 20 % auch in Verletzungsabsicht von der Waffe Gebrauch zu machen.[243]

Die Ruhrgebiets-Untersuchung

Hypothese: Die Zugangsöffnung erfolgt mehrheitlich durch Aufhebeln

---

Noch vor einigen Jahrzehnten gehörten das Einschlagen von Glas sowie die Benutzung so genannter Dietriche, die als Universalschlüssel für Buntbartschlösser eingesetzt wurden, zu den häufigsten Einstiegsmethoden der Wohnungseinbrecher. Wer kennt nicht die stereotypen Zeichnungen und Fotografien früherer Zeiten von Einbrechern, die mit einem großen Schlüsselring voll verschiedenster Dietriche ihr Unwesen trieben? Hier scheint der Modus operandi aufgrund veränderter Bau- und Sicherheitstechnik einen grundlegenden Wandel erlebt zu haben. Das Einschlagen von Scheiben ist stark in den Hintergrund getreten, weil die heute verwendeten Isolierfenster zumeist Schlag und Wurf hemmender sind als früher und das Zerschlagen dieses Glases einen enormen Lärm verursacht. Zum anderen ist der Dietrich mit der flächendeckenden Verwendung von Sicherheitsschlössern als Öffnungsinstrument unbrauchbar geworden. Der Blick in die Akten der Ruhrgebiets-Untersuchung zeigt, dass in 56 % aller Fälle an Fenstern und Türen gehebelt wurde, um den Zugang ins Haus herzustellen. An zweiter Stelle folgt das gewaltsame Öffnen von Wohnungstüren mit stumpfer Gewalt, also ohne Werkzeuge, sondern durch Eintreten oder Einrammen (11 %). In jeweils 9 % der Fälle wurden gestohlene oder verlorene Schlüssel zum Öffnen von Wohnungen verwendet bzw. Fenster, die in Kippstellung standen, von außen geöffnet. Erst auf dem fünften Platz folgte mit 7 % das Einschlagen von Glasscheiben, gleichauf mit dem Erklettern höher gelegener Zugänge. Alle weiteren Formen des Eindringens waren in ihrer Häufigkeit (7 %) eher bedeutungslos (Abb. 28). So wurden in vier Fällen Schließzylinder abgebrochen, in wenigen Fällen Rollos zum Eindringen hochgeschoben. Begehungsformen wie das Fensterbohren oder das Glasschneiden kamen gar nicht zu Anwendung und in einigen Fällen wurden unverschlossene Türen geöffnet, wodurch schon die Tatbestandlichkeit des Wohnungseinbruchs gar nicht mehr gegeben sein konnte. Gleichwohl waren auch diese Fälle als geklärte WED statistisch erfasst worden. Das Hebeln an Zugängen war damit – wie angenommen –

---

[242] Deusinger, S. 167 f.
[243] a. a. O., S. 170

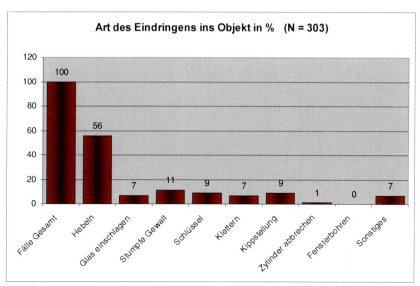

Abb. 28 (Quelle: Eigene Erhebung; Mehrfachnennungen, da an einzelnen Objekten zwei oder mehr verschiedene Eindringmodi)

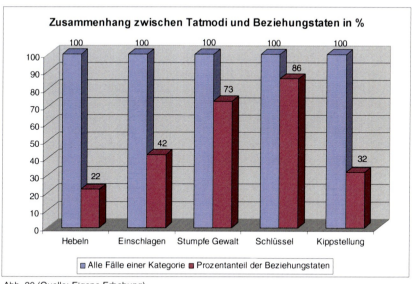

Abb. 29 (Quelle: Eigene Erhebung)

der häufigste Einstiegsmodus. In Bezug auf Eintreten bzw. Einrammen von Türen konnte eine für die polizeiliche Praxis sicherlich nicht unbedeutende Feststellung getroffen werden. An rund drei Vierteln aller Tatorte, die derartige Schadensbilder zeigten, bestand ein Tatverdacht gegen Personen aus dem engeren Umfeld des Opfers. Dieser Modus des Einstiegs scheint also besonders häufig einen Hintergrund mit Täter-Opfer-Beziehung zu haben (Abb. 29). Diese Erkenntnis bietet den ermittelnden Polizeibeamten einen besonderen Ansatz zu nachhaltigen Nachfragen nach einem Tatverdacht des Opfers. In der Praxis wird ein Verdacht von vielen Opfern nur sehr zögerlich und auf Drängen geäußert, da vielfach die Sorge besteht, dass man sich mit der Äußerung eines Verdachtes selbst einer Strafanzeige wegen übler Nachrede oder Verleumdung aussetzen könnte.

Der Zusammenhang zwischen diesem Tatmodus und der Begehung durch TV aus dem persönlichen Umfeld der Opfer könnte sich damit erklären, dass solche TV

- unprofessionelle Einmaltäter sind, die den Tatentschluss zum Teil spontan fassen, keine Werkzeuge mitführen
- und anders als Profieinbrecher keine Erfahrung im gewaltsamen Überwinden von Verriegelungen haben.

3.3.8 Tatmotive

Forschung und Praxis

Das Motiv für die Verübung von WED scheint auf der Hand zu liegen: Bereicherungsabsicht! Daher überrascht es auch nicht, dass bei vielen Untersuchungen zu diesem Delikt an erster Stelle der wirtschaftliche Aspekt des Einbrechens steht. Aussagen von Wohnungseinbrechern wie „"Von einem Einbruch konnte man zwei Wochen gut leben. (...) das war in einer Stunde leicht verdientes Geld.", oder „Innerhalb von 2 Stunden (...) 20.000 Mark in der Tasche zu haben, das war ein fabelhaftes Geschäft."[244], belegen die Rentabilität und den hohen Tatanreiz des Wohnungseinbruchs. Jedoch stellt sich bei der breiten Palette an kriminellen „Angeboten", die potentiellen Kriminellen einen finanziellen Gewinn versprechen, die Frage ob es nicht weitere Motive gibt, die die Entscheidung gerade zugunsten eines WED fallen lassen. Neben dem Bereicherungsmotiv kommen bei zahlreichen TV an zweiter Stelle Nervenkitzel und Abenteuerlust, die einen starken Anreiz zur Tat geben. Allerdings scheint das Motiv des Thrills, der bei der Tat empfunden wird, mit fortschreitendem Alter und fortschreitender Taterfahrung zugunsten der Bereicherung in den Hintergrund zu treten. So benannten nach Krainz Ersttäter nur zu einem Drittel, bei späteren Taten aber zu fast 60 % den wirtschaftlichen Vorteil als Hauptmotiv, während das Maß für Abenteuerlust im weiteren Lauf der Einbrecherkarriere auf die Hälfte sank.[245]

[244] Feltes et al., S. 82
[245] Krainz, S. 24; ähnliches Ergebnis bei Deusinger, S. 245; auch in der Untersuchung der Universität Bochum wurde der Motivwechsel von der Abenteuerlust zur materiellen Absicherung festgestellt, s. Deutsches Forum für Kriminalprävention, S. 16; auch nach Eisenberg, S. 926, wirken das geringe Ergreifungsrisiko, die geringen Aufklärungschancen der Polizei, aber auch die Aussicht auf gute Tipps aus der Szene auf potentielle Täter motivierend

Ein weiteres starkes Motiv ist ganz überwiegend bei jungen Tätern der Gruppenzwang, der bei weiteren Taten allerdings mehr und mehr in den Hintergrund tritt. Nach Deusinger steht an dritter Stelle allerdings der Umstand, dass man zwar Geld hat, es für die eigenen Ansprüche aber nicht genügt. Bei einer Auswahl aus dem Gesamtangebot krimineller Möglichkeiten steht für manche auch eine Kosten-Nutzen-Abwägung im Vordergrund, da der WED als Delikt mit geringem Entdeckungsrisiko betrachtet wird („jeder, der einmal auf frischer Tat entdeckt wurde, hat davor mindestens schon 50 Brüche gemacht, für die er nicht erwischt worden ist"). Daneben wirken auch hohe Beuteerwartung, Tatbegehungen in Gerichtsbezirken mit milder Strafkultur und der Umstand, dass man meist nur für die eine Tat verurteilt wird, bei der man erwischt wurde, motivierend. Auch werden die „Berufs"-Identifikation und die Schwierigkeit, als Krimineller in legale Arbeitsverhältnisse zu gelangen, als Motivatoren genannt.[246] Die Befunde aus Untersuchungen in den USA zeigen gleichartige Tatmotive, allerdings wird auch auf die Verknüpfung von Drogenkonsum und Einbrüchen sowie auf eine geringe Zahl von rachemotivierten Taten hingewiesen.[247] Aus der polizeilichen Praxis sind in geringem Umfang auch sexuell motivierte WED bekannt, bei denen getragene oder ungetragene Dessous weiblicher Opfer entwendet werden.

Die Ruhrgebiets-Untersuchung

Die Antwort auf die Frage, welches Motiv die TV zur Tat veranlasst hat, hätte in der vorliegenden Untersuchung entsprechender Hinweise aus den Beschuldigtenvernehmungen bedurft. Solche Hinweise wurden aber fast in keinem einzigen Fall gefunden, so dass auf eine gezielte Auswertung verzichtet wurde. Das geringe Hinweisaufkommen in den Vernehmungen dürfte in erster Linie vernehmungstaktische und vernehmungsökonomische Gründe haben. So werden in Vernehmungen bei geständnisbereiten Tatverdächtigen gerne Fragen vermieden, die ein Kippen der Vernehmungsatmosphäre mit sich bringen könnten. Dies sind vor allem Vorhalte zum Unrechtsgehalt der Tat, aber auch Fragen zur Motivation, da diese mit Blick auf die gesellschaftliche Ächtung illegaler Bereicherung Elemente eines moralischen Vorwurfes in sich tragen. So wird durch Vermeidung entsprechender Fragen gerne verhindert, die zumeist fragile Vernehmungsbereitschaft und das Geständnis unnötig zu gefährden. Es dürfte etwas leichter sein, bei Befragungen von verurteilten Einbrechern halbwegs offene Antworten auf die Motivationsfrage zu bekommen. Derjenige, der eine mögliche Verurteilung noch vor sich hat, wird seine Aussage schon mit Blick auf das Strafmaß rationalisieren und sich eher als Opfer widriger Umstände, als ein von der Peer group Verführter, als der Täter aus Not oder als willenlos Getriebener der eigenen Drogenkrankheit darstellen. Die nackte Darstellung der Bereicherungsabsicht oder sogar möglicher Habgier werden sicher eher als kontraproduktiv empfunden werden.

---

[246] Deutsches Forum für Kriminalprävention, S. 16
[247] Weisel, S. 17

3.4 Die Verfolgung von Wohnungseinbrüchen durch die Polizei

Systematisch erhobene, öffentlich zugängliche Informationen zur Verfolgung des WEDs stehen bisher nur in begrenztem Umfang zur Verfügung. Zwar existieren in den Polizeibehörden Evaluationen zu polizeilichen Einzelmaßnahmen und zu örtlichen Strafverfolgungskonzepten. Diese werden jedoch teils aus polizeitaktischen Gründen, teils aus Sorge um Missbrauch der Daten und teils auch aufgrund eines unfruchtbaren Wettbewerbs um die Effizienz polizeilicher Arbeit zwischen den Behörden nicht veröffentlicht.

Den wahrscheinlich umfangreichsten wissenschaftlichen Beitrag im deutschsprachigen Raum zur Arbeit der Polizei bei der WED-Bekämpfung hat Wernitznig mit ihrer Doktorarbeit geleistet. Daneben gibt es noch einige kleinere Erkenntnisquellen, die nachfolgend kurz vorgestellt werden sollen.

Krainz stellte in seiner Täterbefragung fest, dass die Aufklärungsarbeit der Polizei unter den Tätern nur wenig Achtung genießt und kaum gefürchtet wird. TV halten hinsichtlich der Ermittlungen der Polizei das Finden von Fingerabdrücken für besonders gefährlich (76 %), gefolgt von Befragungen im Milieu (70 %), Fußspuren (62 %), Aussagen von Nachbarn und Passanten (59 %) sowie dem Erkennen typischer Vorgehensweisen (58 %).[248] Von den Opfern wird die polizeiliche Arbeit im Rahmen von WED überwiegend positiv beurteilt. In Bezug auf die Anzeigenaufnahme ergaben sich aber folgende Werte: Freundlichkeit, Verständnis, Fairness, Sachlichkeit und Vorurteilsfreiheit wurden in hohem Maße positiv bewertet, negativ hingegen: Polizei passiv (29 %), Polizei nicht hilfreich (18 %), Polizei schwach (13 %), Polizei desinteressiert (5 %). Die Arbeit der kriminalpolizeilichen Sachbearbeiter wurde ähnlich bewertet: Ganz überwiegend freundlich, verständnisvoll, fair, sachlich und vorurteilsfrei, allerdings: 25 % passiv, 18 % nicht hilfreich, 13 % schwach, 5 % desinteressiert.[249] Auch in der slowenischen Studie von Dvorsek wurde die Arbeit der Polizei mehrheitlich positiv beurteilt, allerdings die Kommunikation mit dem Opfer besser als die professionelle Abwicklung des Falles.[250] Die Zusammenarbeit mit der Bevölkerung bei Eigentumsdelikten wurde als extrem wichtig betrachtet, da 90 % aller sachdienlichen Informationen aus der Zusammenarbeit mit der Bevölkerung bezogen werden. Eine Studie an englischen, deutschen, polnischen und ungarischen WED-Opfern resümierte, dass die Polizeibeamten zu wenig Einsatz zur Fallaufklärung und zu wenig Anteilnahme gegenüber den Opfern zeigen.[251] Schlechtes Auftreten bei der Anzeigenaufnahme und unterlassene Tatortbesichtigungen werden negativer bewertet als Erfolglosigkeit bei der Aufklärung des Falles.[252] Nach einer von Schmelz betreuten Opferstudie wirkte auf 90 % der befragten Opfer das Vorgehen der Polizei professionell, 84 % waren mit den einschreitenden Beamten zufrieden, 84 % wurden durch die

---

[248] Krainz, S. 135 f.
[249] Deegener, 84 ff.
[250] Dvorsek et al., S. 630
[251] Dvorsek et al., S. 625 f.
[252] a. a. O., S. 631

Beamten die Tatortmaßnahmen erläutert, 79 % wurden durch die Beamten beruhigt, 62 % bekamen Hinweise über die Schadensregulierung mit der Versicherung, 39 % erhielten Informationen über weiterführende Hilfe.[253]

Über die Frage, inwieweit die deutsche Polizei auch in Sachen WED aus dem Vollen schöpfen kann, gibt der 2. Sicherheitsbericht des BMI / BMJ Auskunft. Im EU-Vergleich hat Deutschland eine eher günstige Polizeidichte. Während im EU-Schnitt auf einen Polizeibeamten 337 Bürger kommen, sind es in Deutschland nur 289 Bürger. Zum Vergleich: In Finnland kommt ein Polizist auf 156 Bürger, in der Schweiz sind es 198 Bürger, in Spanien 457, in Litauen 496 und in Nordirland 605.[254]

Zur Frage, über welche Quellen die Polizei Hinweise auf die Täter der WED erhält, stellte Wernitznig in ihrer Aktenauswertung zu jugendlichen Wohnungseinbrechern fest: Bei WED-Verfahren gegen jugendliche TV erhielt die Polizei den Hinweis auf den Verdächtigen zu 36 % bereits durch die Opfer. Den zweitgrößten Anteil hatten Hinweise durch Dritte (20 %), während auf Tatspuren 14 % entfielen und der Rest auf andere Arten wie Wiedererkennungen bei Lichtbildvorlagen, Zugriffe auf frischer Tat etc.[255] Zur Dauer derartiger Verfahren analysierte sie, dass zwischen der Kenntnisnahme der Polizei von der Tat und der Übersendung des Vorgangs an die Staatsanwaltschaft durchschnittlich 91 Tage vergehen.[256] Zur Effizienz polizeilicher WED-Ermittlungen stellt Weisel fest: Die meisten Einbruchsermittlungen − 65 % - erbringen nicht die geringste Information und den geringsten Beweis, so dass es nicht leicht ist, die Fälle zu lösen.[257]

Jarchow und Meier werfen einen kritischen Blick auf die Einbruchsermittlungen der Polizei und deren statistische Darstellung: Sie sehen im Rahmen eines polizeilichen Wettbewerbs einen zunehmenden Missbrauch von PKS-Zahlen zur Erreichung politischer Zielvorgaben.[258] Sie identifizieren hinsichtlich der Aufklärung des Wohnungseinbruchs verschiedene Faktoren, die polizeilich beeinflussbar oder nicht beeinflussbar sind. Zu den schwer oder sogar unbeeinflussbaren Effekten zählen sie eine Deliktsverschiebung von Diebstählen hin zu Internetbetrügereien. Arbeitspriorisierungen im zunehmenden Sektor sollen zu einer Vernachlässigung des abnehmenden Bereiches führen. Der Wegfall des Richtervorbehaltes bei molekulargenetischen Untersuchungen 2005 soll zu einer Verdoppelung der Untersuchungsanträge und damit zu einer Überlastung der Untersuchungsstellen geführt haben, die keine schnellen Ergebnisse mehr liefern können. Eine verbesserte und zunehmende Sicherungstechnik soll zu einem häufigeren Scheitern von Einbrechern führen. Auch die Frage, inwieweit Tatzeugen bereit sind, sich bei der Polizei zu melden, inwieweit Geschädigte überhaupt die Taten anzeigen oder die Fahndung nach Diebesgut mit den

---

[253] Schmelz (2000), S. 4
[254] BMI / BMJ, S. 54
[255] Wernitznig, S. 106
[256] a. a. O., S. 146
[257] Weisel, S. 1
[258] Jarchow et al., S.386

nötigen Informationen unterstützen, steht nur bedingt in der Macht der Polizei. Einflussmöglichkeiten werden hingegen in mehr oder minder starker Präventionsarbeit, in sauberer statistischer Erfassung, die eine Kombination aus Sachbeschädigung und Hausfriedensbruch nicht sofort zum versuchten Einbruch macht, oder auch in einem Festhalten der Behörden an erfahrenen Einbruchssachbearbeitern gesehen.[259]

3.4.1 Die Anzeigenerstatter

Forschung und Praxis

Der Anzeigenerstatter ist in den meisten Fällen beim Wohnungseinbruch die Haupt- und in vielen sogar die einzige Informationsquelle für die Polizei. Dem Opfer, in Strafanzeigen als „Geschädigter" bezeichnet, kommt dabei eine herausragende Rolle zu. Nach Wernitznig erfolgt die Anzeigenerstattung in 80 % der Fälle durch die Geschädigten oder ihre Angehörigen. Der weitaus größte Teil der übrigen Anzeigenerstattungen entfällt auf Nachbarn. Die Anzeigenerstattung durch Dritte ist oft effektiver als durch Geschädigte. Während die Geschädigten die Tat nämlich oft erst stark zeitversetzt bemerken, sind die Dritten häufig Nachbarn, die die Tat beobachtet haben und damit zeitnah die Polizei alarmieren können. In den seltensten Fällen ist die Polizei selbst Tatentdecker.[260] Zum Anzeigeverhalten gilt: Durchaus nicht jeder Einbruchsdiebstahl wird angezeigt. Der gemeinsame Sicherheitsbericht des BMI und BMJ aus dem Jahr 2006 zeigt im internationalen Vergleich der Anzeigenquoten etwa dies: In Deutschland wurden zwischen 81 % und 88 % der Wohnungseinbrüche angezeigt (zwei Umfragen), in der Schweiz 88 %, in der Niederlande 89 % und in England und Wales 93 %.[261] Man darf vermuten, dass insbesondere solche Opfer, die nicht gegen Einbruchsdiebstahl versichert sind, auf eine Anzeigenerstattung verzichten. Ob auch das Motiv einer aus Opfersicht mangelhaften Effizienz der Polizei zur Nichtanzeige beiträgt, bleibt unbekannt. Deliktsübergreifend wurde allerdings – anders als in den USA – festgestellt, dass dieses Motiv zumeist nicht im Vordergrund steht und der Glaube an die Wirksamkeit polizeilicher Arbeit hierzulande noch überwiegend ungebrochen ist.

Die Ruhrgebiets-Untersuchung

Hypothese: Die Einbruchsanzeigen werden mehrheitlich von den Opfern erstattet

Die Analyse der Akten ergab, dass die Tatopfer auch in 82 % der Fälle die Anzeigenerstatter waren. Ihnen folgten im Rang mit 11 % Nachbarn, die die Tat

---

[259] Jarchow et al., S. 387 ff.
[260] Wernitznig, S. 96 f.
[261] BMI / BMJ, S. 51

entdeckten und die Polizei verständigten, vor Verwandten der Opfer (3 %) sowie sonstige Personen mit 4 %. Zu letzteren zählten eine Haushälterin und eine Mitarbeiterin von Opfern, ein Rechtsanwalt, der seinen Mandanten aufsuchen wollte, ein Passant, der zufällig vorüber kam sowie einige Bekannte von Opfern. In einem einzigen Fall waren Polizeibeamte Anzeigenaufnehmende und Anzeigenerstatter zugleich, weil niemand am Tatort war (Abb. 30). Damit hat sich die obige Hypothese bestätigt.

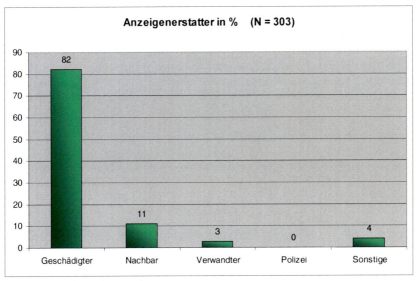

Abb. 30 (Quelle: Eigene Erhebung)

3.4.2 Spurensicherung und objektive Tatspuren

Wohnungseinbrüche gelten in der Praxis als spurenintensiv. Der Aufwand, der betrieben wird, um derartige Tatorte nach Spuren abzusuchen, ist groß. In den meisten Polizeibehörden macht der Wohnungseinbruch einen Arbeitsschwerpunkt der Spurensicherer aus. Mit zum Teil erheblichem Zeitaufwand wird mit Russpinseln nach Fingerspuren und mit Bakterietten, speziellen Wattestäbchen zur Sicherung von möglichen DNA-Spuren, nach den „stummen Zeugen" der Tat gefahndet. In der kriminalistischen Literatur findet der Interessierte ein überbordendes Angebot an Büchern und Aufsätzen zu belebten und unbelebten Spuren, aber auch zur Methodik ihrer Sicherung. Welche Spurenarten und –sicherungsmethoden wirken, welche möglicherweise überschätzt werden und welche bedeutungslos sind, soll im Folgenden betrachtet werden.

Forschung und Praxis

Eine 2011 veröffentlichte Untersuchung zur Effizienz der Spurensicherung bei Wohnungseinbrüchen bezieht sich auf den Bereich des Stadtgebietes von Essen. Der Fokus wurde hier auf die Sicherung daktyloskopischer Spuren gerichtet. Es wurde festgestellt, dass in den mehr als 2100 Wohnungseinbrüchen aus dem Jahr 2009 lediglich in 78 Fällen auswertbare Finger- oder Handflächenspuren gesichert werden konnten. Nur in fünf dieser Fälle konnte durch den örtlichen Erkennungsdienst bzw. durch das Identifizierungsprogramm AFIS des BKA die Spurenleger identifiziert werden. Dies entspricht gerade einmal 0,2 % aller Fälle. Dabei konnte, da die staatsanwaltschaftlichen Akten zu diesen Fällen nicht vorlagen, noch nicht einmal gesagt werden, ob diese fünf Spurenleger nicht möglicherweise auch Personen waren, die die Spuren berechtigt gelegt hatten, weil sie etwa dem vom Einbruch betroffenen Haushalt angehörten. Mit Blick auf das Untersuchungsergebnis wurde in der Studie die Frage gestellt, ob sich der hohe Spurensicherungsaufwand bei so einem geringen Output überhaupt lohnt.[262]

In der Heidelberger Untersuchung von Bödiker lag die Spurensicherungsquote bei 80 % aller WED.[263] In der Studie von Wernitznig waren es 50 %, wobei in 22 % der Fälle daktyloskopische Gutachten erstellt wurden.[264] Die Notwendigkeit der Spurensicherung wird insbesondere da unterschätzt, wo Spuren den Anzeigen aufnehmenden Beamten nicht sichtbar sind. Schnell wird die Einschätzung vorgenommen, dass es am Einbruchstatort keine auswertbaren Spuren gibt. Dabei wird die Möglichkeit latenter Spuren völlig verkannt. Wie problematisch das Erkennen und Sichern latenter Spuren ist zeigte etwa ein Ringversuch des Bundeskriminalamtes aus dem Jahr 2007, bei dem sogar erfahrenen Spurensicherern bei latenten Spuren in unterschiedlichem Maße das Sichtbarmachen von Spuren gelungen ist.[265]

Bei kaum einem anderen Delikt wird in der Praxis mehr Spurensicherungsaufwand betrieben als beim Wohnungseinbruch. Zeitlich dominiert an den meisten Tatorten mit großem Abstand die Suche nach daktyloskopischen Spuren. Vor allem die von den Tätern angegriffenen Objektzugänge und zweifelsfrei von ihm angefasste Gegenstände sind Ziel der Fingerspurensuche. Bei den meisten Betroffenen, die der Arbeit der Spurensicherer beiwohnen können, herrschen falsche Vorstellungen von den Möglichkeiten brauchbare Spuren zu finden. So sind viele, insbesondere unebene Oberflächen wie Holz, Textilien etc. weitestgehend unbrauchbar für eine daktyloskopische Spurensuche. Zudem bleibt selbst in den Fällen, in denen vor Ort Spuren gefunden werden, der Erfolg zumeist aus, da die überwiegende Zahl der Spuren die Voraussetzungen für die Erstellung eines daktyloskopischen Gutachtens nicht erfüllt. Die Spuren

---

[262] Feltes (2011), o. S.. Die Untersuchung wurde vom Autor der vorliegenden Masterarbeit durchgeführt, aber zunächst ohne Hinweis auf den Autor und die betroffene Polizeibehörde in den Polizei-Newsletter eingestellt.
[263] Bödiker, S. 77
[264] Wernitznig, S. 126
[265] Schwarz, S. 500 ff.

weisen zu wenig Individualmerkmale auf, sind kreuz und quer überlagert oder verschmiert. Und manche Finger- oder Handflächenspur erweist sich trotz Auswertbarkeit nach Abgleichen schließlich als Hinterlassenschaft der Wohnungsinhaber und ist damit für die Ermittlung des Täters wertlos.

Nachdem 1998 die DNA-Analysedatei beim Bundeskriminalamt eingerichtet wurde, hat sich ein vielversprechendes neues Betätigungsfeld für Spurensicherer aufgetan. Zwar ist auch unter den Materialien, die als DNA-Spurenträger sichergestellt werden, vieles unbrauchbar und enthält letztlich kein Erbgut des Täters, dennoch werden auch mit den relativ wenigen brauchbaren Spuren Wohnungseinbrüche aufgeklärt. Eine „sichere Bank" sind unter den potentiellen DNA-Spurenträgern Blutanhaftungen, speicheldurchtränkte Zigarettenfilter und Speiserückstände wie etwa ausgespuckte Kaugummis. Auch die Lippenkontaktbereiche von benutzten Trinkgläsern und Flaschen sind häufig DNA-Träger. Deutlich seltener wird an so genannten Epithelzellenträgern, also dort, wo sich Hautschuppen ablagern, identifizierbares Erbgut gefunden. In der Praxis sind dies etwa am Tatort zurückgelassene Tatwerkzeuge, verlorene Täterbekleidungen und –maskierungen. Doch auch solche Spurenträger sollten analysiert werden, da auch sie immer wieder zu Tataufklärungen beitragen.

<u>Die Ruhrgebiets-Untersuchung</u>

In der Ruhrgebietsuntersuchung wurde die Häufigkeit, in der an WED-Tatorten Spurensicherung betrieben wurde, genauso überprüft wie die Häufigkeit, mit der Spuren gefunden wurden. Auch wurde analysiert in welchem Maße unterschiedliche Spuren gesichert werden konnten und ob sie auswertbar, also für ein Vergleichsgutachten und damit für eine Überführung eines Spurenlegers geeignet waren. Maßgabe ist in den untersuchten Behörden eine möglichst lückenlose Anforderung der Spurensicherung bei WED. Dies gilt ganz besonders für vollendete Taten.

Hypothese: An der Mehrheit der Einbruchstatorte werden Spurensicherungen durchgeführt

---

Es war festzustellen, dass über den Querschnitt der drei KPB hinweg in fast zwei Dritteln (63 %) aller WED Spurensicherungen durchgeführt wurden (Abb. 31 + 32). Das Ziel einer möglichst vollständigen Spurensicherung wurde damit verfehlt. Insbesondere wurde auch an vollendeten Tatorten mit umfangreichen tatbedingten Veränderungen auf Spurensicherungen verzichtet. Dem untersuchten Material war zu entnehmen, dass sowohl in den Fällen, in denen den TV ein Eindringen in die Räume nicht gelungen ist wie auch in den Fällen, in denen schon bei der Anzeigenaufnahme Hinweise auf mögliche Täter gegeben wurden, die Spurensicherung eher nicht angefordert wurde. In letzteren Fällen griff möglicherweise bei den Anzeigen aufnehmenden Beamten die Vorstellung, dass die Existenz eines „Täters" die Suche nach objektiven Spuren entbehrlich

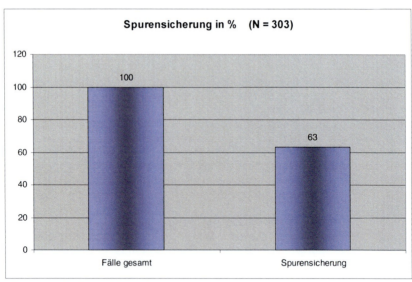

Abb. 31 (Quelle: Eigene Erhebung)

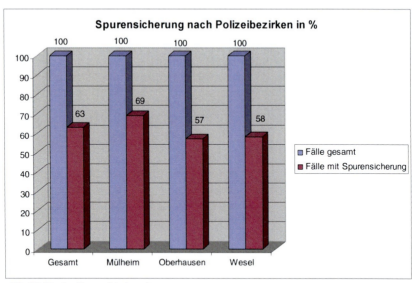

Abb. 32 (Quelle: Eigene Erhebung)

macht und der Fall ohnehin schon klar ist. Letztlich liegt hierbei aber ein Fehlschluss vor, da sich der Tatnachweis gegen anfänglich Verdächtige im weiteren Verlauf des Geschehens häufig nicht erbringen lässt.

Hypothese: Unter den Spuren, die zur Identifizierung von Tatverdächtigen führen, dominieren die daktyloskopischen Spuren

Die „Fingerspur" als Sammelbegriff für alle daktyloskopischen Spuren, zu denen auch die Handflächenabdrücke gehören, scheint bei vielen Polizeibeamten, aber auch in weiten Kreisen der Bevölkerung der Klassiker unter den Mitteln der WED-Aufklärung zu sein. In der vorliegenden Untersuchung zeigte sich – ähnlich wie in der Essener Untersuchung -, dass diese Vorstellung der Realität nicht gerecht wird. Auf die 303 untersuchten Fälle entfielen 51 (= 17 %), in denen Fingerspuren gesichert wurden. Die Sicherung der Spur sagt noch nichts über ihre Verwertbarkeit, da sich oft erst bei ruhiger und eingehender Betrachtung unter der Lupe bei optimalen Lichtverhältnissen feststellen lässt, ob eine Spur brauchbar ist und so viele relevante Merkmale aufweist, dass sie für die Erstellung eines Gutachtens geeignet ist. Solche eingehenden Untersuchungen erbrachten schließlich für 12 Tatorte (4 %) brauchbare Spuren. Im weiteren Verlauf waren bis zum Ende der vorliegenden Aktenanalyse fünf Spurenleger identifiziert, das heißt, es stand namentlich fest, von wem die jeweiligen Spuren stammten. Es waren also für knapp 2 % aller Tatorte Spurenleger identifiziert worden (Abb. 33).

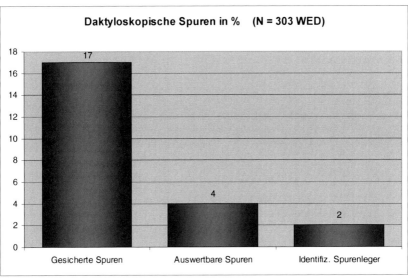

Abb. 33 (Quelle: Eigene Erhebung)

Weitere Hoffnungsträger unter den Tatortspuren waren die DNA-Spuren. Derartige Spuren wurden an 29 Tatorten (10 %) gesichert. In 24 Fällen (8 %) regten die kriminalpolizeilichen Sachbearbeiter eine DNA-Analyse an, in 10 Fällen (3 %) wurde in dem gesicherten Material menschliche DNA gefunden und in fünf

Fällen (2 %) daraufhin Spurenleger identifiziert. Alle anderen Spuren spielten nur eine untergeordnete Rolle. So wurden an 19 Tatorten Schuhspuren, an 10 Werkzeugspuren und an einem eine abgebrochene Schraubendreherklinge als Vergleichsspur gefunden, ohne dass sie zur Überführung eines Täters geführt hätten (Abb. 34).

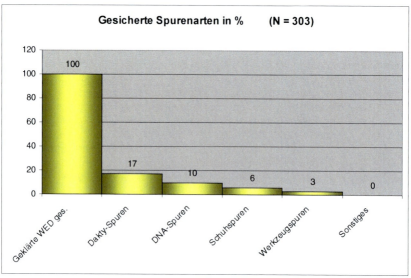

Abb. 34 (Quelle: Eigene Erhebung)

Ohrabdrücke, wie sie von an Wohnungstüren lauschenden Tätern gelegt werden, wurden in keinem Fall gesichert. Sie sind mit einer Individualität von 1 : 300.000.000 genauso wie Fingerabdrücke als Individualbeweis geeignet.[266] Damit hielten sich daktyloskopische und DNA-Spuren auf niedrigem Niveau als Mittel zur Überführung Tatverdächtiger die Waage und dominierten vor allen anderen Spuren.

3.4.3 Ungezielte Wahllichtbildvorlagen

<u>Forschung und Praxis</u>

Eine der Standardmaßnahmen ist bei WED, bei denen ein Zeuge am Tatort eine verdächtige Person beobachtet hat, die Wahllichtbildvorlage. Zu unterscheiden sind a) ungezielte Lichtbildvorlagen, bei denen den Zeugen aus dem Bestand der Fotos erkennungsdienstlich behandelter (echter) Personen eine Vielzahl von Bildern gezeigt wird, um zu ermitteln, ob eine der Personen möglicherweise die von Zeugen beobachtete ist. Die zweite Gruppe bilden b) die

---

[266] Clas, S. 176

gezielten Lichtbildvorlagen, bei denen die Polizei bereits eine konkrete Person im Verdacht hat und deren Foto dem Zeugen unter einer Auswahl von mindestens sieben Vergleichsaufnahmen zeigt. Auf den Vergleichsbildern sind dabei anders als bei der ungezielten Lichtbildvorlage keine realen Personen, sondern fiktive, mit Bildbearbeitungsprogrammen hergestellte Portraits. In der Mehrzahl der ungezielten Lichtbildvorlagen verlaufen diese erfolglos, weil der Verdächtige mangels erkennungsdienstlicher Behandlung noch nicht im Bilderbestand vertreten ist, weil er unter einer anderen Deliktskategorie als die vorgezeigten Bilder erfasst ist oder weil sein Foto im Bilderbestand möglicherweise so alt ist, dass er nicht mehr wiederzuerkennen ist, oder weil der Zeuge den Verdächtigen schlichtweg nicht erkennt. Gleichwohl kommt es doch in einer eher geringen Zahl von Fällen zu Identifizierungen durch Zeugen. Problematisch kann dabei etwa sein, dass der Zeuge den Betroffenen auf den Bildern zum wiederholten Male sieht, da ihm Bilder aus mehreren Kategorien vorgezeigt wurden, in denen der Betroffene jeweils vertreten war. Hier erkennt der Zeuge möglicherweise nicht den Verdächtigen vom Tatort wieder, sondern die Person, die er vorher schon auf einem Foto gesehen hatte.[267]

In der Studie über jugendliche Wohnungseinbrecher kam es in 7 % der Fälle zu Wahllichtbildvorlagen, wobei drei Viertel zu einer Identifizierung führten.[268] In einer amerikanischen 2003 veröffentlichten Untersuchung hat sich gezeigt, dass es bei 100 Personen, die nach irrtümlichen Verurteilungen durch DNA-Untersuchungen vom Tatverdacht befreit wurden, 75 nur deshalb in Haft genommen worden waren, weil sie fälschlicherweise identifiziert worden waren.[269]

Ein bedeutender Faktor für Fehlidentifizierungen durch Zeugen ist deren Alter. So sind die Identifizierungen von Kindern und von älteren Menschen merklich unzuverlässiger als die von Personen mittleren Alters. Das Geschlecht, die Intelligenz und die Selbsteinschätzung der Zeugen hinsichtlich ihres Personengedächtnisses spielen dagegen kaum oder gar keine Rolle. In einer experimentellen Wahllichtbildvorlage mit einer Gruppe von 18 – 40jährigen und einer weiteren von 65 – 78jährigen (je 36 Personen), nahmen 7 Jüngere, aber 26 Ältere Falschidentifizierungen vor. Jeweils 4 Personen in beiden Gruppen gaben an, sich nicht erinnern zu können. Der Rest wies die gezeigten Personen zu Recht als falsch zurück. Bei jüngeren Zeugen lässt sich durch nicht-suggestive Instruktionen (Hinweis, dass TV möglicherweise nicht unter den gezeigten ist) die Zahl der Fehlidentifizierung senken, bei älteren nicht.[270] Schulz stellt fest, dass sequenzielle Wahllichtbildvorlagen – also solche, bei denen Bilder hintereinander und nicht gleichzeitig gezeigt werden - simultanen sowohl hinsichtlich der Quote richtiger Treffer wie auch hinsichtlich der Zahl der Fehlidentifizierungen überlegen sind. So waren in einer deutschen, 2006 veröffentlichten Untersuchung bei simultanen Vorlagen 18 – 33 % der Identifizierungen falsch, bei den sequentiellen waren es zwischen 7 – 23 %, je nach-

---

[267] Geipel, S. 477
[268] Wernitznig, S. 133
[269] von Schemm et al., S. 341
[270] Von Schemm et al., S. 352 ff.

dem ob sich die Zielperson im Bestand der Lichtbilder befand oder nicht.[271] Festgestellt wurde auch, dass zwischen der Präzision und der Treffsicherheit einer Personenbeschreibung und der Treffsicherheit bei der Identifizierung von Personen kein Zusammenhang besteht. Wer also eine beobachtete Person sehr gut beschreiben kann, erkennt sie nicht zwingend auch gut wieder[272]. In Bezug auf die Genauigkeit von Personenbeschreibungen scheinen übrigens auch der „own age-effect" und der „own size-effect" von Bedeutung. So zeigte sich in Untersuchungen, dass Täter, die in etwa die gleiche Größe wie der Zeuge haben, recht genau geschätzt werden, während Täter, die sich außerhalb des Größenbereiches des Zeugen befinden, eher nicht zutreffend geschätzt werden. Dasselbe gilt für Größenschätzungen. Am treffsichersten sind die Größenangaben, die sich im Bereich der Eigengröße des Zeugen bewegen. Grundsätzlich gilt, dass das Alter wie auch die Größe eher zu gering als zu hoch geschätzt werden[273].

Die Ruhrgebiets-Untersuchung

Hypothese: Ungezielte Wahllichtbildvorlagen führen mehrheitlich nicht zur Identifizierung von Tatverdächtigen

---

Im Bestand der Ruhrgebiets-Untersuchung fanden sich 20 Fälle (7 %), in denen mit insgesamt 22 Zeugen ungezielte Wahllichtbildvorlagen durchgeführt

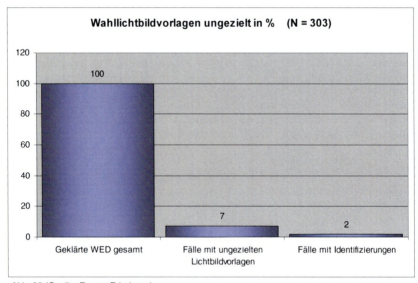

Abb. 35 (Quelle: Eigene Erhebung)

---

[271] Schulz, S. 312
[272] Riegler, S. 106
[273] Landeskriminalamt NRW, S. 17

84

wurden, weil flüchtende Täter oder sonstige verdächtige Personen am Tatort beobachtet worden waren. In fünf Fällen (2 %) erkannten Zeugen tatsächlich oder vermeintlich Personen wieder, die sie zuvor gesehen hatten (Abb. 35). In einem Fall, in dem eine ältere Zeugin gleich zwei Täter zu erkennen glaubte, sprachen allerdings gleich mehrere Fakten gegen ihre Feststellung. Die beiden Identifizierten hatten offensichtlich keinen Bezug zueinander und hatten in der Vergangenheit ihre Delinquenzbezirke eindeutig an ihren Wohnorten, nicht aber in der weiter entfernt liegenden Tatortgemeinde. Ein weiterer Zeuge erkannte eine Person lediglich „mit hoher Wahrscheinlichkeit" wieder. Damit waren die ungezielten Lichtbildvorlagen ganz überwiegend nicht erfolgreich.

3.4.4 Gezielte Wahllichtbildvorlagen

Forschung und Praxis

Gezielte Wahllichtbildvorlagen müssen echte Auswahlmöglichkeiten schaffen. Dabei sind Pseudoauswahlen zu vermeiden, die durch vom Bild des Täters abweichende optische Merkmale wie Alter, Bärte, aber auch unterschiedliche Bildgrößen verwirklicht werden.[274] Dies ist bei den gezielten Wahllichtbildvorlagen nach Erfahrungen des Autors häufig schon deshalb nicht der Fall, weil die Vergleichsbilder oft wesentlich Format füllender sind als das Portrait des TV. Lichtbildvorlagen sind dort besonders problematisch, wo dem Zeugen ausschließlich eine einzige Aufnahme vorgelegt wird. Die Gefahr einer suggestiven Hinführung auf genau diese gezeigte Person als Täter ist groß. Bei mangelnder Auswahlmöglichkeit ist der Zeuge, der sich unter dem Druck fühlt, ein „wertvoller" Zeuge mit gutem Gedächtnis zu sein, in Gefahr, sich auf den einzigen Gezeigten festzulegen. Anders liegt der Fall, wenn einem Zeugen, der eine ihm bereits bekannte Person wiedererkennen soll, nur ein Foto vorgezeigt wird. Das Live-Pendant zur Lichtvorlage sind Gegenüberstellungen von TV und Zeugen, die wegen ihres hohen organisatorischen, zeitlichen und personellen Aufwandes in der Massenbearbeitung der Einbruchsbekämpfung aber kaum stattfinden. Gelegentlich werden bei vorläufigen Festnahmen nach Einbrüchen allerdings Einzelgegenüberstellungen initiiert, die nicht den Regeln der Kunst entsprechen, indem Zeugen zu dem Festgenommenen geführt werden oder ein Streifenwagen mit dem Festgenommenen „zufällig" am Zeugen vorbeifährt, der den TV dann tatsächlich oder vermeintlich wiedererkennt. Dazu stellt Artkämper fest, dass Einzelidentifizierungsmaßnahmen zwar nicht regelmäßig ohne Beweiswert sind, aber der Beweiswert erheblich vermindert ist. Alleine auf das Wiedererkennen kann das Gericht eine Verurteilung nicht stützen.[275]

---

[274] Artkämper, S. 22
[275] a. a. O., S. 23

Hypothese: Gezielte Wahllichtbildvorlagen führen mehrheitlich nicht zur Identifizierung von Tatverdächtigen

41 gezielte Wahllichtbildvorlagen in 28 Fällen (9 %) waren den staatsanwalt-schaftlichen Akten zu entnehmen. Die Trefferquote war, wie aus den oben ge-nannten Gründen zu erwarten war, deutlich höher als bei den ungezielten Licht-bildvorlagen. Insgesamt kam es in 20 Fällen zu Treffern (7 %), deren Stichhal-tigkeit allerdings nicht bewertet werden kann, da nicht festzustellen ist, in wel-chem Maße Zeugen bei der Identifizierung möglicherweise geirrt haben (Abb. 36). Die gezielten Wahllichtbildvorlagen führten damit unter dem genannten Vorbehalt mehrheitlich zur Identifizierung von TV.

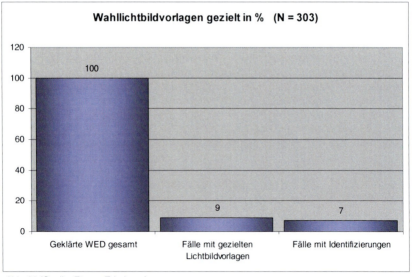

Abb. 36 (Quelle: Eigene Erhebung)

3.4.5 DNA-Analysen

Forschung und Praxis

1998 wurde mit Einrichtung der DNA-Analysedatei beim BKA und dem Inkrafttreten der §§ 81e – g StPO der Grundstein für die DNA-Analyse als Er-mittlungsinstrument der Massenkriminalität, also auch des Wohnungsein-bruchs, gelegt. Mittels DNA-Analyse wurden nun Tatortspuren wie Blut, Zigarettenstummel oder etwa Hautschuppen, die Tatwerkzeugen wie Schraubendrehern und Zangen anhaften, aber auch am Tatort benutzte Trinkgläser, Taschentücher etc. untersucht, um menschliches Erbgut zu finden, das seinem „Besitzer" zugeordnet werden kann. Eine eher neuere Überlegung in Bezug auf die DNA-Spurensicherung ist, verschmierte Fingerspuren, die für eine daktyloskopische Analyse unbrauchbar sind, als Hautschuppenträger zu sichern. Sicherungsmöglichkeiten bieten sich aber auch etwa auf den Oberflächen von Einstiegstüren und –fenstern und auf den Oberflächen gewaltsam geöffneter Wertbehältnisse wie Tresoren oder größeren Geldkassetten. Hier wird die Annahme zugrunde gelegt, dass der Täter beim kraftraubenden Öffnen vor Anstrengung keucht oder flucht und dadurch in größerer Menge Speicheltröpfchen mit Mundschleimhautzellen auf diese Oberflächen abregnen lässt.

Anders als bei daktyloskopischen Spuren können die Täter das Hinterlassen von DNA-Spuren häufig nicht vermeiden. So steht es nur begrenzt in der Macht des Täters, ob er sich möglicherweise beim Objekteinstieg an einer Glasscheibe oder einem scharfkantigen Fensterbauteil schneidet und Blut verliert oder ob beim Durchklettern einer Öffnung Kopfhaare mit Haarwurzeln hängen bleiben und ausreißen. Während sich die Spuren verursachende Benutzung von Trinkgefäßen und Geschirr am Tatort durch ihn noch vermeiden lässt, hat er aber etwa auf den Verlust eines häufig benutzten Tatwerkzeuges, dass er im oder am Objekt verliert, wiederum wenig Einfluss. Solche eigenen, vom Täter mitgebrachten Werkzeuge weisen insbesondere an den Griffen oft DNA-Zellmaterial in ausreichender Menge auf.

Die DNA-Analyse findet auf Grundlage der §§ 81a sowie 81e – 81g StPO Anwendung. Forschungsergebnisse zu DNA-Analysen bei WED scheinen bislang nicht vorzuliegen. In der Praxis sind DNA-Analysen für schnelle Täterüberführungen bei Wohnungseinbrüchen bisher kaum geeignet gewesen. Dies hatte seine Ursachen in den knappen Ressourcen an wissenschaftlichem Personal, das den Landeskriminalämtern zur Verfügung stand. Vor allem wenn im Rahmen von Haftvorführungen Verdächtiger ein schneller Beweis erbracht werden musste, war dies mit DNA-Spuren nicht zu leisten. Betrug die durchschnittliche Wartezeit für eine DNA-Spurenauswertung etwa in Nordrhein-Westfalen bis vor kurzem noch rund 15 Monate, so hat sich dies nun auf einen Bruchteil der Zeit verkürzt. Zurückzuführen ist diese Verbesserung auf eine verstärkte Auftragsvergabe an Fremdinstitute, die den Landeskriminalämtern nun einen erheblichen Teil des Arbeitsvolumens abnehmen können. Zu berücksichtigen ist allerdings nach wie vor, dass DNA-Analysen zu Wohnungseinbrüchen hinter Kapitaldelikten wie Mord, Totschlag, Brandstiftung oder Vergewaltigung zurückstehen müssen. Dies muss im Sinne einer Prioritätensetzung aber auch als sachgerecht angesehen werden.

Die Ruhrgebiets-Untersuchung

Hypothese: DNA-Analysen erfolgen mindestens in jedem 10. Fall und führen überwiegend zur Identifizierung Tatverdächtiger

In der vorliegenden Untersuchung wurde an 29 Tatorten (10 %) potentielles DNA-Material gesichert. 24mal (8 %) stellten die Sachbearbeiter der Kripo Anträge auf Durchführung einer DNA-Analyse. Dass in fünf Fällen trotz gesicherten Materials keine Anträge gestellt wurden, dürfte damit zu tun haben, dass potentielle DNA-Spurenträger nach Spurenklassen eingeteilt werden, die sich an einer mehr oder weniger hohen Wahrscheinlichkeit orientieren, in dem gesicherten Material Erbgut zu finden. Während Blut und Speichel, letzteres findet sich etwa in Zigarettenstummeln oder an Rändern benutzter Trinkgefäße, der Spurenklasse I mit einer hohen DNA-Wahrscheinlichkeit zugerechnet werden, werden Spurenträger, an denen Hautschuppen zu erwarten sind, der minderwertigeren Klasse II zugerechnet. Als Spurenträger kommen hier z. B. vom Täter benutzte Öffnungswerkzeuge oder verlorene Kopfbedeckungen etc. infrage. Bei den so genannten Epithelzellen, die diesen Spurenträgern anhaften, ist die Aussicht, bei einer Analyse DNA zu finden, deutlich verringert, wenngleich aber nicht aussichtslos. Ein Aspekt hier auf eine Analyse zu verzichten, sind insbesondere die hohen Kosten, die die Erbgutuntersuchung aufwirft. In den 24 Fällen, in denen eine Analyse beantragt wurde, wurde durch die untersuchen-

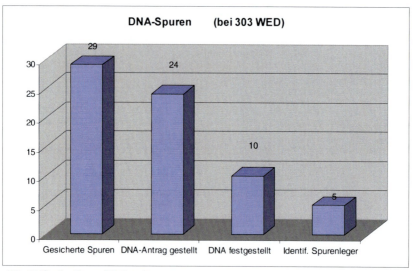

Abb. 37 (Quelle: Eigene Erhebung)

den Institute 10mal (3 %) DNA gefunden. In fünf dieser Fälle (2 %) wurden die Spurenleger identifiziert (Abb. 37).

Hier sei darauf hingewiesen, dass ein Spurenleger nicht zugleich als identifizierter Täter zu betrachten ist, da es sich auch um eine Person handeln kann, die Spuren in der betroffenen Wohnung berechtigt gelegt hat, aber im Zusammenhang mit irgendeinem Ermittlungsverfahren einmal erkennungsdienstlich behandelt worden und in den polizeilichen DNA-Datenbestand eingegangen ist. Damit ist festzustellen, dass DNA-Analysen in weniger als jedem 10. Fall erfolgen und nur die Minderzahl der Analysen zur Identifizierung Tatverdächtiger führt. Kritisch sei in Bezug auf DNA-Spuren angemerkt, dass selbst von erfahrenen Beamten der Schutz- oder Kriminalpolizei bisweilen kein ausreichender Spurenschutz betrieben wird und damit mögliche Spuren vernichtet werden. So werden potentielle Spurenträger leider noch zu oft mit bloßen Händen von einem Beamten zum anderen weitergereicht oder es wird über Spurenträgern gesprochen, genießt oder gehustet, so dass Nasen- und Mundschleimhautzellen über dem Spurenträger „abgeregnet" werden. Teilweise gelangen potentielle Spurenträger wie am Tatort benutzte Stemmeisen völlig unverpackt zum kriminalpolizeilichen Sachbearbeiter, so dass sich eine DNA-Analyse damit bereits erledigt hat.

3.4.6 Sachfahndung und Fahndungstreffer

<u>Forschung und Praxis</u>

Eine taktische Variante der Täterermittlung ist die Überführung über die Suche nach Diebesgut. So werden von den Polizeibehörden teilweise Beamte beschäftigt, die damit befasst sind nach Tatbeute zu suchen. Im Blick stehen bei der Suche insbesondere An- und Verkaufsgeschäfte, Pfandhäuser, Trödelmarkte, aber auch Kleinanzeigenmagazine und seit einigen Jahren das Internet mit Verkaufs- und Versteigerungsforen wie etwa Ebay. Umfassende Internetrecherchen sind den meisten Polizeibehörden allerdings aus personellen Gründen verwehrt, so dass nur gezielt nach besonders markanten Beutestücken geforscht werden kann.

Nach Wernitznig hat in 2 % der Einbrüche mit jugendlichen TV eine Überprüfung von Leihhäusern stattgefunden.[276] Eine weitere Variante zur Auffindung von Beute sind Fahndungstreffer von Beutestücken, die im polizeilichen Fahndungssystem POLAS zur Fahndung ausgeschrieben sind. Infrage kommen für die Fahndungsausschreibung ausschließlich Gegenstände mit Individualnummern, wie man sie an Mobiltelefonen, Notebooks, Fahrrädern, hochwertigen Uhren und ähnlichem findet. Verfügt das Opfer über diese Nummern und übermittelt sie diese der Polizei, so werden die Gegenstände mit der Nummer und einer Sachbeschreibung sowie den Daten aus der betreffenden Straftat zur Fahndung ausgeschrieben. Bundesweit, teilweise EU-weit, können diese Gegenstände dann bei einer Überprüfung der jeweiligen Tat ihrem Eigentümer zugeordnet und zurückgegeben werden. Derartige POLAS-Treffer ergeben sich insbesondere, wenn Personen und Fahrzeuge und die hier mitgeführten Gegenstände überprüft werden oder aber bei Durchsuchungsmaßnahmen.

---

[276] Wernitznig, S. 126

Hypothese: In mindestens jedem 10. Fall kommt es zu Sachfahndungs-maßnahmen (Kontrolle potentieller Ankaufstellen) oder Fahndungstreffern, die zur Identifizierung von Tatverdächtigen führen

In der vorliegenden Untersuchung wurden die Sachfahndungsbeamten der Polizeibehörden 18mal (6 %) aktiviert, um nach Diebesgut zu suchen. In vier Fällen (1 %) war die Suche erfolgreich (Abb. 38). Einschränkend muss darauf hingewiesen werden, dass die Beute in zwei der vier Fälle von den Opfern selbst in Ankaufsstellen gefunden und die Polizei lediglich mit der Sicherstellung der Beute beauftragt wurde.

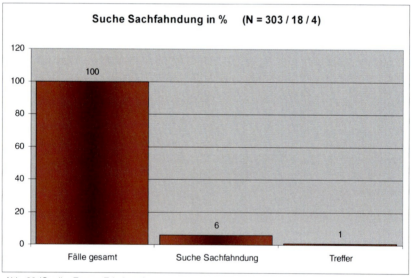

Abb. 38 (Quelle: Eigene Erhebung)

Da im Zusammenhang mit den Beutefunden lediglich vier Versetzer als potentielle Tatverdächtige identifiziert wurden, blieb die Identifizierungsquote damit weit unter 10 % aller Fälle. Zu den POLAS-Fahndungstreffern wurde festgestellt, dass in fünf (2 %) der 303 untersuchten Fälle Diebesgut durch Fahndungsabfragen gefunden und damit ein Tatverdacht gegen den Besitzer gerichtet werden konnte (Abb. 39). Hierbei handelte es sich aber in einem Fall nicht um einen Gegenstand, der im Zusammenhang mit dem jeweiligen WED

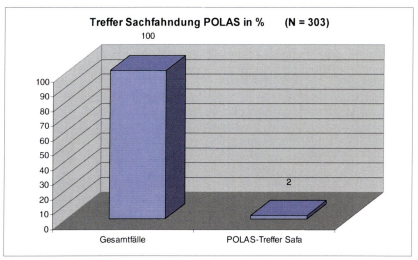

Abb. 39 (Quelle: Eigene Erhebung)

stand, sondern um einen Zufallsfund aus einer anderen Straftat. Also führten auch die Sachfahndungsabfragen über POLAS in weniger als jedem 10. Fall zu einer Tatverdächtigenidentifizierung.

3.4.7 Öffentlichkeitsfahndung

<u>Forschung und Praxis</u>

Als Möglichkeit der Öffentlichkeitsfahndung steht der Polizei offen, über Pressemitteilungen zu relevanten Fällen Veröffentlichungen in Zeitungen, im Radio, Fernsehen, aber auch im Internet zu initiieren. Darüber hinaus wird in Einzelfällen auch vom Verteilen von Postwurfsendungen an Haushalte oder vom Aushängen von Plakaten Gebrauch gemacht, um sachdienliche Hinweise zu erlangen. Zwar werden längst nicht durch jede Veröffentlichung brauchbare Informationen erlangt, diese Medienarbeit eröffnet aber immerhin doch ein Tor zu Feststellungen, die die Polizei sonst nicht getroffen hätte. Die Öffentlichkeitsfahndung weckt in besonderem Maße die persönliche Betroffenheit der erreichten Bevölkerungsteile und motiviert dadurch zu Hinweisen. Dies gilt umso mehr, je kleinräumiger der Bereich ist, in oder zu dem Medienarbeit betrieben wird. So führen vor allem Postwurfsendungen mit Hinweisen auf Wohnungseinbrüche in einer ganz bestimmten Straße oder in einem eng begrenzten Stadtbezirk immer wieder zu Hinweisen, da die Taten für die Bewohner des Bezirks nicht mehr „irgendwo" als anonymes Kriminalitätsphänomen bestehen, sondern in die eigene Reichweite gelangt sind. Diese Art von Öffentlichkeitsfahndung führt zwangsläufig immer zu einer Gratwanderung zwischen einer Information der Bevölkerung und einer Beeinträchtigung des Sicherheitsgefühls, so dass sie wohldosiert und nicht dramatisierend eingesetzt werden muss. Längst nicht jeder Hinweis, der aufgrund solcher Fahndungsmaßnahmen an die Polizei gegeben wird, ist relevant, aber es darf nicht übersehen werden, dass derartige Maßnahmen die Bewohnerschaft sensibilisieren, damit im Sinne des Neighbourhood-Watching eine hohe Präventionswirkung entwickeln und auch – zumindest für eine begrenzte Zeit, bis schließlich wieder ein Vergessensprozess einsetzt – in der Folgezeit Hinweise auslösen können. In der Praxis lassen sich vor allem Postwurfsendungen oder das „Klinkenputzen" mit direkter Ansprache von Anwohnern selten realisieren, da sie zeit- und personalaufwendig sind und die betroffenen Sachbearbeiter unter Umständen auch mit irrelevanten Hinweisen belasten können.

Die Ruhrgebiets-Untersuchung

Hypothese: Maßnahmen der Öffentlichkeitsfahndung führen in mindestens jedem 10. Fall zur Identifizierung von Tatverdächtigen

---

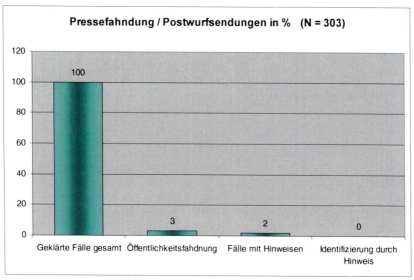

Abb. 40 (Quelle: Eigene Erhebung; in einem Fall (unter 1 %) erfolgte ein Hinweis aus der Bevölkerung, der zur Identifizierung eines TV führte)

In den untersuchten Fällen fanden sich Hinweise auf neun Presseveröffentlichungen und Postwurfaktionen, die sich aber auf rund 30 Fälle bezogen, da im Rahmen zweier Tatserien die Veröffentlichungen gleich zu mehreren Fälle erfolgten. In sieben Fällen gingen Hinweise aus der Bevölkerung ein, wobei lediglich ein Hinweis zur Identifizierung eines Tatverdächtigen führte (unter 1 %) (Abb. 40). In mehreren anderen Fällen erbrachten die Hinweise aber zumindest

Indizien auf die Täterschaft von TV, die die Polizei bereits ermittelt hatte. Insgesamt trugen die Maßnahmen zur Öffentlichkeitsfahndung damit in weit weniger als 10 % aller Fälle zur Identifizierung von TV bei.

3.4.8 Auswertung von Telekommunikationsverbindungen

<u>Forschung und Praxis</u>

Die Nutzung jeglicher Arten von Telekommunikation ist mittlerweile auch Domäne der Kriminellen. Festnetz- und Mobiltelefone wie auch das Internet werden von Straftätern genutzt um Taten zu verabreden, Zeugen zu beeinflussen oder Beute abzusetzen. Eine moderne Variante des „Schmierestehens" beim WED ist etwa die Nutzung von Mobiltelefonen, indem der Beobachter vor dem Haus den Täter, der drinnen die Wohnung ausräumt, telefonisch vor möglichen Tatzeugen oder der Polizei warnt. Mit der verstärkten kriminellen Nutzung der Telekommunikation auch bei WED haben sich den Ermittlungsbehörden zugleich neue Ermittlungsmaßnahmen eröffnet, die – allerdings mit starken rechtlichen Restriktionen – Ermittlungen in den Datenpools der Betreiber der Telekommunikationsnetze erlauben. Wesentliche Grundlage sind dabei in aller Regel die §§ 100a und 100g StPO, die den Behörden in den Grenzen der Vorratsdatenspeicherung einen Einblick in die so genannten Verkehrsdaten der Telekommunikation (Verbindungsdaten) erlauben. Gemeint sind damit bei Kommunikation per Internet die so genannten IP-Daten von Rechnern und bei Telefonaten Daten von Anschlüssen ein- oder ausgehender Telefonate, die Dauer solcher Telefonate, aber auch die Standortdaten. Anhand letzterer lässt sich etwa feststellen, an welchem Ort sich zum Zeitpunkt des Telefonates ein bestimmtes Mobiltelefon befunden hat. Für Maßnahmen nach §§ 100a und 100g StPO ist allerdings in Sachen WED eine Katalogstraftat nach § 100a, nämlich der schwere Bandendiebstahl nach § 244a StGB erforderlich, um entsprechende Maßnahmen zu erlauben, die jeweils eines Gerichtsbeschlusses bedürfen. Nach Rechtsprechung des BGH sind dazu mindestens drei Personen erforderlich, die sich zur fortgesetzten Tatbegehung zusammengeschlossen haben.[277] Hier besteht im Stadium des Ermittlungsverfahrens für die Polizei ein großes Problem. Denn oft fehlen im frühen Stadium der Ermittlungen noch jegliche Hinweise darauf, ob eine Bande oder möglicherweise nur ein Einzeltäter aktiv geworden ist. Sind an einem Tatort von einem Zeugen drei oder mehr Verdächtige beobachtet worden, so genügt dies in den meisten Fällen, um die Staatsanwaltschaft und die Gerichte zur Erstellung entsprechender Beschlüsse zu bewegen. Ist dies wie in den meisten Sachverhalten nicht der Fall, weil es etwa keinerlei Tatzeugen gibt, so ersucht die Polizei in aller Regel vergeblich um derartige Gerichtsbeschlüsse. In der Praxis lassen die Justizbehörden lediglich sicher festgestellte Fakten zu einer möglichen Bande, nicht jedoch kriminologische und kriminalistische Erfahrungswerte gelten, seien diese auch noch so stichhaltig. So führen etwa Hinweise, dass der Beuteabtransport aufgrund des Stehlgutvolumens nur von drei oder mehr Personen

---

[277] Verlag Deutsche Polizei, 2-1-0 Bu, S. 199

bewerkstelligt worden sein kann oder dass die Tat aufgrund ihrer Umstände für eine durch mehrere Täter organisierte Begehung spricht, regelmäßig nicht zur Anerkennung einer Bande durch Staatsanwaltschaft oder Gerichte. Ohne Beschlüsse zur Vorratsdatenerhebung oder zur Telefonüberwachung lässt sich aber dann meistens durch die Polizei nichts ausrichten, da ihre klassischen Maßnahmen zur Tataufklärung ungeeignet sind.

Geht es ausschließlich um die Feststellung von Telefonanschlussinhabern, etwa wenn bei einem TV ein verdächtiger Notizzettel mit einer Rufnummer gefunden wird oder wenn es einen Ausspähanruf gegeben hat und dessen Urheber ermittelt werden soll, so stützen sich die Maßnahmen auf §§ 111 ff. TKG und sind damit auch beim „einfachen" WED möglich. Hier werden lediglich Bestandsdaten und keine Verkehrsdaten erhoben, so dass erleichterte Voraussetzungen für die Maßnahmen gelten.

Eine Ermittlungsmöglichkeit bei Tatserien von WED ist in diesem Zusammenhang die so genannte *Funkzellenauswertung*, bei der für einen engen Bereich um den Tatort herum die Daten der Telefonate erhoben werden, die innerhalb dieser Funkzelle geführt wurden. Unter Funkzelle versteht man dabei ein Gebiet, das von einem Mobilfunkmast erfasst wird, der in diesem Areal alle Telefonate „entgegen nimmt" und weiter steuert. Feststellen lassen sich dabei sowohl ein- wie auch ausgehende Telefonate. Geht man von einem Zusammenhang zwischen mehreren WED aus, so lässt sich in einem Cross over-Verfahren filtern, ob eine oder mehrere Mobilfunk-Sim-Karten in allen betroffenen Funkzellen eingesetzt wurden und damit wahrscheinlich dieselben Personen dort aktiv waren und dort auch telefoniert haben. Man spricht hier auch von der „telekommunikativen Visitenkarte" des TV.[278] Die Funkzellenauswertung versagt allerdings dort, wo der telefonierende Täter möglicherweise in der Nähe der Tatorte wohnt und sich Tatorte und Wohnsitz in derselben Funkzelle befinden. Hier sind erfasste Telefonate ohne Hinweiswert, da sich tatbedingte und „normale" Telefonate nicht auseinanderhalten lassen. Abschreckend ist bei Funkzellenauswertungen der große Arbeitsaufwand, der mit den anschließenden Anschlussinhaberüberprüfungen verbunden ist, so dass diese Maßnahme nicht so häufig zum Einsatz kommt. Weitere WED-Ermittlungen sind im Rahmen von *Telefonüberwachungen* (§§ 100a / 100b StPO) möglich, bei denen Telefonate, die von verdächtigen Telefonanschlüssen ausgehen oder bei ihnen eingehen, im Wortlaut abgehört werden können. Im Idealfall werden dabei Telefonate live mitgehört, so dass sich bei relevanten Gesprächsinhalten u. U. sofort operative Maßnahmen wie etwa Observationen initiieren lassen.

Die Ruhrgebiets-Untersuchung

Hypothese: Die Auswertung von Telekommunikationsverbindungen führt in mindestens jedem 10. Fall zur Identifizierung von Tatverdächtigen

---

[278] Henrichs, S. 26

Vermutlich aufgrund der hohen rechtlichen Hürden, aber auch aufgrund des außerordentlichen Personal- und Zeitaufwandes, den sich Kriminaldienststellen von Massendelikten wie dem WED oft kaum leisten können, sind im Untersuchungsbestand Maßnahmen nach § 100a / 100g StPO eher selten vorgekommen. Lediglich in zwei Ermittlungsverfahren[279] wurden Telefonüberwachungsmaßnahmen, in einem davon auch eine Funkzellenauswertung vorgenommen. Während sich die TV in einem Verfahren äußerst konspirativ unterhielten, so dass durch das Abhören der Telefone keine Hinweise auf konkrete Straftaten erlang werden konnten, gab es zumindest in dem anderen Verfahren mehr oder weniger offene Unterhaltungen über Beuteverwertung. In diesem Verfahren konnte zudem an einem Tatfahrzeug von der Polizei ein GPS-Sender installiert werden, mit dem bei einem Beutezug schließlich die Standorte des Fahrzeugs ermittelt und eine Festnahme mit Beutesicherstellung ermöglicht wurde. In einem der beiden Telefonüberwachungsfälle konnten – auf §§ 100a und g StPO gestützt - die beiden ersten TV in einer Tatserie überhaupt erst durch die Erhebung von Verbindungsdaten ermittelt werden. Im konkreten Fall war bei einem WED ein Mobiltelefon entwendet worden. Dadurch, dass

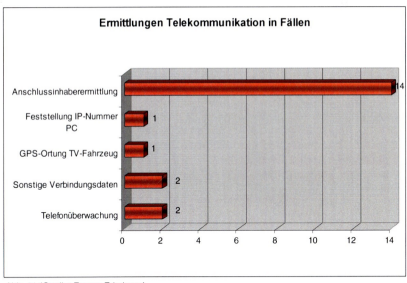

Abb. 41 (Quelle: Eigene Erhebung)

bei den Telefonaten nach der Tat die Rufnummern der jetzigen Teilnehmer mit der Individualnummer des gestohlenen Handys durch den Telefonnetzbetreiber verknüpft und erfasst wurden, konnte im Wege einer Anschlussinhaberfeststellung festgestellt werden, dass eine der beiden TV das gestohlene Gerät mit ihrer SIM-Karte benutzte. In einem anderen Fall konnte über IP-Daten und eine SIM-Karte, die in einem entwendeten Laptop verbaut war, der Standort des

---

[279] 135 Js 216/09 und 71 Js 579 / 09

Rechners festgestellt, vier Verdächtige festgenommen und das Diebesgut sichergestellt werden (Abb. 41). Die obige Hypothese findet damit keine Bestätigung, da lediglich in drei von 303 Ermittlungsverfahren durch die Auswertung von Telekommunikationsverbindungen Tatverdächtige ermittelt werden konnten.

3.4.9 Vernehmungen von Tatverdächtigen

Forschung und Praxis

Zur Vernehmung jugendlicher Wohnungseinbrecher erhob Wernitznig in ihrer Untersuchung einige Daten: Bei jugendlichen TV erfolgten in 90 % der Fälle Vernehmungen, bei drei Vierteln davon eine, in den restlichen Fällen 2 – 4.[280] 40 % der vernommenen Jugendlichen legten sofort oder nach längerem Befragen in der ersten Vernehmung ein Geständnis ab, weitere 15 % nach mehrmaliger Vernehmung. 31 % leugneten oder verweigerten die Aussage komplett, der Rest beschränkte sich auf Angaben zur Person, machte Rechtfertigungsgründe geltend oder bestritt einzelne Elemente der Tat wie die Zueignungsabsicht, Wegnahme, Teile der Beute etc.[281] Aussageverhalten: Deutsche gestehen eher als Ausländer, Jüngere eher als Ältere.[282] Eine innerhalb der Polizei verbreitete Theorie lautet, dass Polizeibeamte, insbesondere erfahrene Kriminalbeamte, zu deren regelmäßigen Aufgaben das Vernehmen gehört, eine lügende Vernehmungsperson an bestimmten Merkmalen der Physiognomie, der Körperhaltung und anderen Verhaltensweisen erkennen können. In der Forschung hat sich dieses Ergebnis nicht bestätigt. Vielmehr sollen Polizeibeamte in Untersuchungen keine besondere Befähigung gezeigt haben, Lügen und Wahrheiten unterscheiden zu können. Zugleich relativieren Teile der Forschung dieses Ergebnis aber mit dem Hinweis, dass unter Laborbedingungen durchgeführte Vernehmungen nicht mit „echten" Vernehmungen vergleichbar sein sollen und sich beide durch unterschiedliches Aussageverhalten voneinander unterscheiden sollen. Anders als in „echten" Vernehmungen, in denen die Tatverdächtigen, die vernommen werden, zum Teil deutliche Stresssymptome zeigen, fehlt dieses Moment in gestellten „Vernehmungen", in denen etwa im Rahmen einer Studie Studenten als Rollenspieler „vernommen" werden.

Uneinigkeit herrscht in der Forschung auch über die Frage, welche Verhaltensweisen als sichere Lügenmerkmale identifiziert werden können. Entscheidend soll für Vernehmende die Kenntnis der Basisrate der Vernommen sein. Damit ist eine Kenntnis der Häufigkeit bestimmter Verhaltensweisen gemeint, die der Befragte regelmäßig und außerhalb von brisanten Frageinhalten zeigt. Auf Vernehmungen trifft dies aber häufig nicht zu, da der vernehmende Polizeibeamte

---

[280] Wernitznig, S. 108
[281] a. a. O., S. 112
[282] a. a. O., S. 148

in solchen Situationen oft in einen Erstkontakt mit dem Befragten tritt und dessen übliches Verhalten nicht kennt.[283]

<u>Die Ruhrgebiets-Untersuchung</u>

Hypothese: Tatverdächtige legen mehrheitlich keine Geständnisse zum WED ab

---

Mit 44 % der TV[284] wurden Vernehmungen durchgeführt. Hierbei wurden alle Fälle gezählt, in denen eine Vernehmung schriftlich fixiert und entweder eine Aussage oder der Hinweis, dass man keine Aussage machen möchte, vom TV unterschrieben wurden. Die geringe Zahl von Beschuldigtenvernehmungen mag vor dem Hintergrund, dass jeder Beschuldigte einen rechtlichen Anspruch auf Gehör hat, verwundern. Allerdings muss zu der hohen Ausfallquote angemerkt werden, dass viele Beschuldigte schon von vorneherein die Kommunikation mit den Vernehmungsbeamten verweigerten, indem sie erklärten, sich

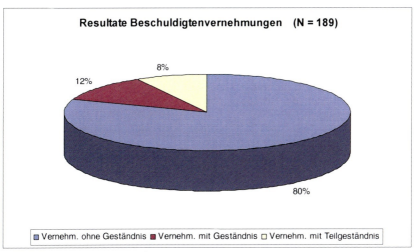

Resultate Beschuldigtenvernehmungen (N = 189)

8%

12%

80%

☐ Vernehm. ohne Geständnis ☐ Vernehm. mit Geständnis ☐ Vernehm. mit Teilgeständnis

Abb. 42 (Quelle: Eigene Erhebung)

nicht an einer Vernehmung zu beteiligen oder in denen etwa auf schriftliche Vorladungen zur Vernehmung keine Reaktionen erfolgten und die Termine nicht wahrgenommen wurden. In einer nicht unerheblichen Zahl von Fällen wurde offensichtlich bei sehr schwachem Tatverdacht seitens der Sachbearbeiter

---

[283] Hermanutz et al., S. 175 ff.
[284] In diesem Fall keine Tätereinfach-, sondern Mehrfachzählung, da zahlreiche TV mit mehreren Fällen vertreten waren und in jedem Fall für jeden TV eine Vernehmungsmöglichkeit bestand

auch von vorneherein auf eine Vernehmung verzichtet und der Vorgang so zur Staatsanwaltschaft übersandt. Besonders bei schwachem Tatverdacht ergingen durch die Staatsanwaltschaft auch regelmäßig keine nachträglichen Verfügungen an die Polizei, die Beschuldigten zu vernehmen. 22mal wurden zu den vorgeworfenen WED tatbestandlich uneingeschränkte Geständnisse abgelegt, in weiteren 15 Fällen erfolgten Teilgeständnisse (Abb. 42). Hierzu wurden die Fälle gezählt, in denen sich die TV zu einzelnen strafbaren Elementen des WED bekannten. So räumten einige TV ein gewaltsames Eindringen in die Räume als Sachbeschädigung (§ 303 StGB) oder als Hausfriedensbruch (§ 123 StGB) ein, bestritten aber eine Diebstahlsabsicht. Oder es wurde ein Diebstahl eingeräumt, aber zugleich vorgebracht, dass man durch eine offene Tür ins Haus gelangt sei, so dass hier der schwere Diebstahl entfiel. Den Teilgeständnissen wurden aber auch die Fälle zugerechnet, in denen ganz andere Taten als der WED eingeräumt wurden, z. B. der Besitz von Rauschgift, das im Rahmen der Festnahme sichergestellt worden war. So bleibt festzustellen, dass in weit weniger als der Hälfte der Fälle (5 %) Geständnisse zum WED abgelegt werden. Die deutliche geringere Ausfallquote bei den Vernehmungen in der Untersuchung von Wernitznig mag damit zusammenhängen, dass sie ausschließlich Fälle mit jugendlichen TV analysiert hat, auf die die Polizei regelmäßig, zum Teil auch durch die Kooperation mit den Eltern, einen höheren Zugriff hat.

Insbesondere professionelle Täter, die sich sicher sind, dass die Polizei kaum oder gar keine Beweise gegen sie hat, bestreiten die Taten häufig und bemühen sich in ihrer Sicherheit oft noch nicht einmal ansatzweise darum, mit ihren Angaben plausibel und glaubhaft zu wirken. Symptomatisch für derartige Vernehmungen ist etwa der Auszug aus der folgenden, die nach der Festnahme zweier junger serbischer Tatverdächtiger zustande kam, die kurz nach der Tat gemeinsam in der Nähe des Tatortes festgenommen wurden. Das Gespräch wurde über eine Dolmetscherin geführt:

(…) Frage: „Wann sind Sie denn nach Deutschland gekommen und was machen Sie hier?"
Antwort: „Ich bin mit dem Zug aus Holland gekommen und wollte hier Arbeit suchen."
Frage: „Warum denn aus Holland."
Antwort: „Ich habe da Arbeit gesucht, aber da gab es nichts."
Frage: „Und warum sind sie gerade in (X…) ausgestiegen? Waren Sie schon mal hier? Kennen Sie hier jemanden?"
Antwort: „Nein, einfach so. Ich dachte, hier könnte ich Arbeit finden."
Frage: „Sie steigen irgendwo aus, kennen sich da nicht aus, kennen da niemanden und sprechen auch nicht Deutsch? Was erzählen sie da? Wie wollen Sie denn so an Arbeit kommen?"
Antwort: „Ich hätte geguckt. Irgendwie eben."
Frage: „Wann sind Sie nach (X…) gekommen?"
Antwort: „Vor einer Woche."
Frage: „Wo haben Sie denn in dieser Zeit gewohnt?"
Antwort: „Nirgends. Ich habe draußen geschlafen."
Frage: „Und wo sind ihre persönlichen Sachen? Wo haben Sie denn Ihre Kleidung, Ihre Zahnbürste, ihren Kamm, ihre Papiere, ihr Geld? Sie hatten bei der Festnahme ja gar nichts bei sich."
Antwort: „Das Geld und die Papiere sind mir im Zug geklaut worden. Das Gepäck ist mir danach am Bahnhof auch noch geklaut worden."
Frage: „Sie haben ja verdammt viel Pech. Wie schafft man denn, dass man ohne Geld nicht verhungert und verdurstet?"
Antwort: (keine Antwort)

Frage: Sie schlafen jetzt seit einer Woche draußen? Sie tragen saubere Kleidung, haben gewaschene Haare, riechen nicht unsauber, wie geht so etwas?
Antwort: „Es ist aber so, wie ich gesagt habe."
Frage: „Woher kennen Sie denn Ihren Komplizen?"
Antwort: „Was für ein Komplize? Ich kenne den Mann kaum. Ich habe ihn heute erst kennen gelernt.
Frage: „Heute erst? Merkwürdig ist ja, dass er aus demselben serbischen Dorf kommt wie Sie. Da kannten (sic!) ihn nicht? Merkwürdig auch, dass Sie gemeinsam losgerannt sind, als die Polizei kam."
Antwort: „Was weiß ich? Ich habe ihn erst vorhin kennen gelernt, das ist ein Zufall. Ich habe ihn in meinem Dorf noch nie gesehen. Er hat mich vorhin angesprochen. Ich habe ihn hier zum ersten Mal gesehen" (…). Ich bin losgerannt, weil ich Angst bekommen habe. Ich wusste nicht, was die wollten. Da ist der andere wohl mit gerannt."

Es wird nicht überraschen, dass der Tatverdächtige den versuchten Wohnungseinbruch, der ihm vorgeworfen wurde, abgestritten hat, obwohl er unmittelbar nach der Tat in weniger als 100 m Entfernung vom Tatort festgenommen wurde und sein Aussehen genauso wie das seines mutmaßlichen Komplizen auf die Personenbeschreibungen zweier Tatzeugen zutraf. Der Fall enthielt noch ein interessantes Detail. Die Dolmetscherin, die die Vernehmung übersetzt hatte, hielt sich vor der Haftvorführung der beiden Tatverdächtigem auf dem Flur des Gewahrsamstraktes des Amtsgerichtes auf. Beide Verdächtige waren in getrennten, etwas voneinander entfernt liegenden Zellen untergebracht. Offensichtlich in der Vorstellung, man sei ungestört, gab der ältere Tatverdächtige dem jüngeren durch die Zellentüren lautstarke „Regieanweisungen", dass man auch vor dem Haftrichter unbedingt dabei bleiben müsse, dass man sich heute erst kennen gelernt habe. Auch dürfe der Jüngere auf keinen Fall durchblicken lassen, wo die Wohnung sei, in der man wohne, da „sonst auch die Anderen ein Problem kriegen". Er solle einfach alles bestreiten.

3.4.10 Durchsuchungen

Forschung und Praxis

Durchsuchungen – nach §§ 102 – 110 StPO - richten sich regelmäßig auf Wohn-, Neben- und Geschäftsräume sowie Fahrzeuge von Verdächtigen oder ggf. auch von Unverdächtigen sowie im Wege körperlicher Durchsuchungen auf Personen selbst und dienen der Auffindung von Beweismitteln und der Sicherstellung von Tatbeute. Zur Durchsuchung nach Wohnungseinbrüchen stellte Wernitznig fest, dass es bei Taten jugendlicher Einbrecher in 29 % der Fälle zu einer Durchsuchung von Räumen gekommen ist.[285]

Der Erfolg einer Durchsuchung hängt von zwei Bedingungen ab: Mutmaßliche Beweismittel, die gefunden werden, gleichgültig ob Beutestücke, Tatwerkzeuge oder anderes, müssen sowohl einer konkreten Tat wie auch einem konkreten Verdächtigen zugeordnet werden.

Dies klingt leichter als es ist. So werden etwa bei Durchsuchungen häufig Wertgegenstände gefunden, bei denen es keines besonderen kriminalistischen Verstandes bedarf, um den Verdacht zu gewinnen, dass es sich um illegal

---

[285] Wernitznig, S. 126

erworbenes Gut handelt. So wird sich bei einem Langzeitdrogenabhängigen, der schon seit Jahren keiner geregelten Arbeit mehr nachgeht und vor ebenso langer Zeit seine letzten Wertsachen gegen „Stoff" getauscht hat, für den Besitz einer größeren Menge Damengoldschmuck, einer wertvollen Münzsammlung oder eines fabrikneuen Hochleistungslaptops selten eine andere Erklärung finden als die, dass die Sachen aus einer Straftat stammen. Auch der 14jährige aus einem Sozialhilfehaushalt, der plötzlich im Freundeskreis vierstellige Bargeldbeträge verschenkt, um sich der Bewunderung seiner Freunde zu versichern, wird kaum legal an dieses Geld gelangt sein. Gleichwohl ist mit der bloßen Auffindung solcher Werte bei den „falschen" Leuten noch nichts bewiesen. Auch eher abwegige und unplausible Erklärungen, die die Betroffenen gegenüber der Polizei zur Herkunft derlei Vermögenswerte geben, müssen im konkreten Fall widerlegt und die illegale Herkunft bewiesen werden, wenn eine Straftat bewiesen werden soll. Ansonsten bleibt der Diebstahlsverdacht ein Verdacht und wird nicht automatisch zum Beweis, weil der Verdächtige nach gesundem Menschenverstand keine legale Quelle für seinen Reichtum haben kann. Oft genug müssen Polizeibeamte mit einem gewissen Groll derartige Wertsachen wieder an die Tatverdächtigen herausgeben, obwohl hier mit hoher Wahrscheinlichkeit dem Dieb die Beute zurückgegeben wird.

Nur bei besonderen Fallkonstellationen lässt sich eine Herausgabe in diesen Fällen vermeiden. Nr. 75 Abs. 4 der RiStBV regelt:

„Ergibt sich im Laufe der Ermittlungen zweifelsfrei, dass eine Sache unrechtmäßig in die Hand des letzten Gewahrsamsinhabers gekommen ist, lässt sich der Verletzte aber nicht ermitteln, so ist nach § 983 BGB und den dazu erlassenen Vorschriften zu verfahren."

Nur unter den Voraussetzungen des § 983 BGB (Unanbringbare Sachen bei Behörden) kann die Sache bei unbekanntem Empfangsberechtigtem öffentlich verwertet werden und wird nicht dem Verdächtigen wiedergegeben.

Doch nicht nur an der mangelnden Zuordnung mutmaßlichen Diebesgutes zu einer Straftat kann der Durchsuchungserfolg scheitern. So misslingt auch nicht selten der Versuch, verdächtige Güter einem bestimmten Verdächtigem zuzuordnen. Dazu ein Beispielsfall aus der Praxis.

Bei einer Wohnungsdurchsuchung finden sich zahlreiche Laptops, Mobiltelefone, Geldbörsen mit Papieren und andere Wertsachen. Den durchsuchenden Polizeibeamten gelingen durch Abfragen im polizeilichen Fahndungssystem noch an Ort und Stelle mehrere Treffer zu Gegenständen, die Individualnummern tragen und nach Verlust durch Wohnungseinbrüche zur Fahndung ausgeschrieben sind. Zu den aufgefundenen Personalpapieren lässt sich ebenfalls durch wenige Telefonate feststellen, dass sie bei nächtlichen Einbrüchen in Wohnhäuser weggekommen sind.

In der Wohnung, die von einem dubiosen Vermieter gegen Cash an rasch wechselnde Mieter abgegeben wird, die sich bei der Einmietung nicht durch

Ausweise identifizieren müssen, leben zeitgleich acht Osteuropäer, die durchweg als Wohnungs- und Geschäftseinbrecher sowie Autoknacker polizeilich bekannt sind. In drei Räumen finden sich Matratzenschlafplätze. Die identifizierte Diebesbeute ist in einer Ecke eines der Räume gelagert. Alle Räume sind mangels verschließbarer Innentüren durch jedermann betretbar. In ihren Vernehmungen geben alle acht Personen, die vorläufig festgenommen wurden, mehr oder minder zweifelhafte Darstellungen zum Grund ihres Aufenthaltes in der Stadt ab. Bei der Befragung zu dem aufgefundenen Diebesgut bestreiten alle acht den Besitz. Es gibt – dies ist in solchen Fällen in der Praxis die Regel und nicht die Ausnahme – auch niemanden, der weiß, wem diese Dinge gehören. Jedem einzelnen Befragten gehören sie „natürlich" auf Nachfrage nicht.

Wenn sich in einem derartigen Fall nicht durch Finger- oder DNA-Spuren eine eindeutige Zuordnung bestimmter Sachen zu bestimmten Personen erzielen lässt, so wird hier niemandem eine konkrete Straftat nachzuweisen sein. Und selbst wenn Spuren zugeordnet werden können, so kann der Umstand, dass jeder Anwesende theoretisch auch legal mit diesen Gegenständen in Berührung kommen konnte, da er ja berechtigten Zugang zu der ganzen Wohnung hatte, dazu führen, dass auch die zugeordneten Spuren ohne jeden Beweiswert bleiben. Zwar können die Sachen an die Berechtigten, ob Einbruchsopfer oder Versicherungsgesellschaften, herausgegeben werden, aber keinem einzigen Verdächtigen ist eine Straftat nachgewiesen - trotz eindeutig identifizierten Diebesgutes.

Die Ruhrgebiets-Untersuchung

Hypothese: Mindestens jede 10. Durchsuchungen führt zur Auffindung von Tatbeute aus dem Fall, in dem durchsucht wird

Zur Häufigkeit von Durchsuchungen konnte zunächst festgestellt werden, dass in 35 der untersuchten Fälle insgesamt 41 Durchsuchungen durchgeführt wurden. Bei 20 WED wurde die StA von der Polizei ersucht, Durchsuchungsbeschlüsse bei Gericht zu beantragen, in einem Fall beantragte die StA selbst einen Beschluss, um den die Polizei nicht ersucht hatte. In 18 dieser Fälle erließ das Gericht entsprechende Beschlüsse. In 14 Fällen wurde per Gefahr im Verzug durchsucht, weil das Abwarten eines Gerichtsbeschlusses nach Einschätzung der Polizei zu einem Beweismittelverlust geführt hätte und in drei anderen Fällen erklärten sich die TV freiwillig bereit, die Polizei in ihren Wohnungen suchen zu lassen, so dass es hier keines richterlichen Beschlus-

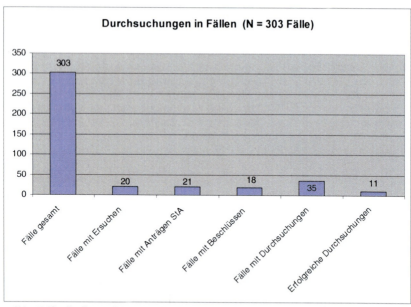

Durchsuchungen in Fällen (N = 303 Fälle)

Abb. 43 (Quelle: Eigene Erhebung; obwohl nur 18mal Gerichtsbeschlüsse ergangen sind, wurden in 35 Fällen 41 Durchsuchungen durchgeführt. Dies erklärt sich dadurch, dass in 14 Fällen per Gefahr im Verzug und in drei Fällen aufgrund von Einverständniserklärungen der TV (keine strafprozessuale Maßnahme, da kein Grundrechtseingriff) durchsucht wurde.

ses bedurfte. Mit Blick auf den Erfolg der Durchsuchungen war festzustellen: In elf Fällen fand die Polizei Beweisstücke, nämlich Diebesgut, Betäubungsmittel bzw. mögliche Tatwerkzeuge (Abb. 43).

Das Diebesgut stammte zum Teil aber nicht aus den WED, für die die Durchsuchung erfolgt war, sondern aus anderen Straftaten, so dass letztlich nur in vier Fällen tatsächlich Beute aus den durchsuchungsbegründenden Fällen gefunden werden konnte. Somit lag mit Blick auf die obige Hypothese die Trefferquote knapp unter 10 % der 41 Durchsuchungen. Wertend sei hier noch festgestellt, dass in einer größeren Zahl von Fällen trotz schneller polizeilicher Ersuchen an die StA zwei oder mehr Wochen vergingen, bis die StA ihre Anträge an die Gerichte weiterreichte. Dieser erhebliche Zeitverzug könnte sich in dem einen oder anderen Fall erfolgsmindernd ausgewirkt haben, da in dieser Zeit möglicherweise Beweismittel durch die TV beiseite geschafft worden sind.

Nur selten sind Durchsuchungen so ergiebig wie in folgendem Fall:

Ein 42jähriger Täter wurde bei einem Einbruch auf frischer Tat festgenommen. Bei der anschließenden Durchsuchung seiner Wohnung fanden sich in allen Räumen große Mengen an potentiellem Diebesgut. Insgesamt wurden letztlich mehr als 1000 Gegenstände als mutmaßliche Diebesbeute eingestuft.

Geldbörsen, Schmuck, Uhren, Münzsammlungen, Mobiltelefone, Spielkonsolen und vieles mehr lagerten in der Kleinwohnung. Der Mann, der äußerst professionell und teilweise fast spurenfrei in die Wohnungen seiner Opfer eingedrungen war, hatte über mehrere Jahre Einbruchsbeute, die er nicht veräußern konnte, in seiner Wohnung eingelagert. Trotz seines gewieften Vorgehens bei den Einbrüchen war sein Nachtatverhalten ausgesprochen stümperhaft. So bewahrte er u. a. eine zweistellige Zahl von Portemonnaies und Brieftaschen mit den Papieren seiner Opfer auf. Die Zuordnung zu den jeweiligen Einbrüchen wurde dadurch zu einer reinen Formsache. Durch die Zuordnung von Personaldokumenten gelang es schließlich auch, Schmuckstücke und Uhren aus den entsprechenden Fällen zuzuordnen, da den Opfern das gesamte Asservatengut präsentiert werden konnte. Der Mann hat sich bei seinen Einbrüchen eine längere Tätigkeit als Fenstermonteur und auch seine Berufsausbildung als Mechaniker zunutze gemacht. Wie sich später herausstellte, hatte er den größten Teil der Beute über das Internetauktionshaus Ebay, aber auch über kaufinteressierte Bekannte sowie in Pfandhäusern und An- und Verkaufsgeschäften losgeschlagen. In mindestens einem Fall setzte er auch noch eine erbeutete EC-Karte ein, die sich zusammen mit der PIN in einer Geldbörse befunden hatte. Nach seiner Festnahme konnte auf Bildern der Raumüberwachungslage der Bank, in der das Geld abgehoben worden war, die Freundin des 42jährigen bei der Abbuchung am Geldautomaten erkannt werden. Er hatte die nicht vorbestrafte Frau vorgeschickt, um dem Schicksal zu entgehen, selbst von der Kamera gefilmt zu werden.

Wie problematisch sich die Beweisführung bei Wohnungseinbrüchen bei erfolgreichen Durchsuchungen darstellt, in denen sich Tatbeute eindeutig bestimmten Tatorten zuordnen lässt, zeigt auch folgender Sachverhalt:

In Mülheim konnte ein verdächtiges Fahrzeug von Beamten eines zivilen Einsatztrupps observiert werden. Nachdem das Fahrzeug in eine Wohnsiedlung eingefahren war und einer der drei männlichen Insassen den Wagen verlassen hatte, konnte zwar das Fahrzeug mit den beiden anderen Männern unter Beobachtung gehalten werden, die Person, die den Wagen verlassen hatte, ging aber zunächst verloren. Als er schließlich zum Fahrzeug zurückkehrte, einstieg und der Wagen losfuhr, verfolgten die Polizeibeamten das Auto über eine gewisse Strecke, da vermutet wurde, dass zwischenzeitlich ein Einbruch verübt worden sein könnte. An einer geeigneten Stelle wurde das verdächtige Fahrzeug von mehreren Polizeifahrzeugen eingekeilt und ausgebremst. Als die Beamten ausstiegen und auf den angehaltenen Wagen zu rannten, konnten sie noch beobachten, dass der Mann, der den Wagen geraume Zeit verlassen hatte, auf dem Rücksitz damit beschäftigt war, eine Geldkassette aufzuhebeln. Erst in diesem Moment realisierte er, dass sein Wagen von zahlreichen Polizeibeamten umgeben war. In dem Auto wurde die gesamte Beute aus einem Wohnungseinbruch gefunden, der soeben in der Wohnsiedlung verübt worden war, in dem der Wagen vorübergehend gestanden hatte. Zu einem der Fahrzeuginsassen, dem Fahrer, war der Wohnsitz bekannt, da der Mann schon seit längerem im Verdacht stand, sich an Wohnungseinbrüchen zu beteiligen. Die Anschrift wurde in der Hoffnung durchsucht, Hinweise auf mögliche weitere Komplizen und auf Hehler des Trios zu finden. Bei der Durchsuchung wurden zahlreiche Schmuckstücke, Uhren und andere Wertsachen gefunden, die 14 Einbrüchen in Mülheim zugeordnet werden konnten. Obwohl sowohl hinsichtlich der Beute in dem Auto wie auch in der Wohnung eine zweifelsfreie Zuordnung erfolgte und die drei Männer gemeinsam in dem Wagen festgenommen werden konnten, blieb vor Gericht von dem Fall wenig übrig. Die beiden Männer, die bei dem letzten Einbruch im Auto zurückgeblieben waren, behaupteten, sie seien nur auf Wunsch ihres Bekannten in die Siedlung gefahren und hätten keinerlei Ahnung gehabt, was er vorgehabt habe, als er den Wagen verließ. Obwohl alle Beteiligten erfahrene Einbrecher waren und ihr gemeinsames Zusammenwirken der Polizei bekannt war, gaben sich die beiden ahnungslos. Auch behaupteten sie, völlig überrascht gewesen zu sein, als der Dritte mit einer Geldkassette und einem Beutel voll Schmuck aufgetaucht sei. Letztlich wurde wegen dieses Einbruchs auch nur der Verdächtige verurteilt, der den Wagen verlassen hatten. Eine einvernehmliche Tatbegehung durch alle drei ließ sich nicht nachweisen, obwohl wenig Zweifel daran bestehen konnte, dass die beiden anderen den Dritten zum Zweck eines Einbruchs zum Tatort gefahren hatten. Verurteilung hemmend wirkte sich auch aus, dass derjenige, der ausgestiegen war, seine Komplizen komplett aus dem Spiel ließ und in seiner Vernehmung behauptet, er habe den beiden anderen nichts davon erzählt, was er vorhabe. Auch wenn diese Darstellung jeder Lebenswirklichkeit widerspricht, konnte seine Angabe nicht widerlegt werden. Auch die Sicherstellung zahlreicher Beutestücke aus anderen Einbrüchen führte nicht dazu, dass die drei Männer in diesen Fällen wegen Einbruchs überführt wurden. Es reichte letztlich nur zu einer Verurteilung des Wohnungsinhabers wegen Hehlerei. Obwohl er als Wohnungseinbrecher bekannt war, folgte das Gericht seiner Darstellung, die beiden anderen hätten mit diesen Taten selbst nichts zu tun. Seiner Einlassung vor Gericht, die Sachen seien von ihm nicht näher bekannten Personen in seiner Wohnung deponiert worden, folgte das Gericht nicht und wertete dies als Schutzbehauptung. Er wurde letztlich wegen Hehlerei verurteilt.

3.4.11 Vorläufige Festnahmen von Einbrechern

<u>Forschung und Praxis</u>

Die vorläufige Festnahme hat Verfahren sichernden Charakter und will die Erreichbarkeit des TV für das Verfahren, die Vermeidung von Beweismittelverlusten oder Zeugenbeeinflussungen, aber auch von Tatwiederholungen bis zum Abschluss des Verfahrens erreichen. Rechtlich gründet sich die vorläufige Festnahme auf § 127 StPO und erfordert für einen anschließenden Untersuchungshaftbefehl einen Haftgrund, namentlich die Flucht oder das Sich-Verborgen-Halten oder die Flucht-, Verdunkelungs- oder Wiederholungsgefahr nach §§ 112 u. 112a StPO. Eine Befragung unter inhaftierten Einbrechern ergab, dass die Mehrheit befragter Einbrecher zuvor nicht einmal auf frischer Tat ertappt wurde. Diejenigen, die doch auf frischer Tat betroffen wurden, wurden mehrheitlich durch Nachbarn, Passanten und zurückkehrende Hausbewohner festgenommen, wenige nach einem stillen Alarm durch Polizeibeamte, einer durch einen privaten Sicherheitsdienst.[286] Versperrt die Polizei den Fluchtweg, so geben 30 % der TV nach eigenen Angaben auf, 60 % suchen einen anderen Fluchtweg und 8 % sind zu Gewaltanwendung bereit.[287] In Bezug auf am TO auftauchende Personen wird der Polizei die größte Gefährlichkeit zugeschrieben.[288] Für die Zeit nach der Tat geben rund 50 % der TV an, durch Verrat oder Geständnisse von Mittätern überführt worden zu sein, aber nur zu 10 % durch die Arbeit der Polizei.[289] Rehm und Servay befragten inhaftierte Einbrecher zu ihrer Meinung, welches die Gründe seien, aus denen es zu Festnahmen kommt. Nach Einschätzung der Befragten sind demnach die häufigsten Gründe für Festnahmen eigene Fehler, die bei der Tat begangen werden. An zweiter Stelle folgt der Verrat durch Mittäter oder Mitwisser, obwohl dieser aus polizeipraktischer Sicht eher selten zum Tragen kommt. Der dritthäufigste Grund, warum die Handfesseln klicken sollten, waren nach Einschätzung der Einbrecher „sonstige Gründe", allen voran Festnahme begünstigende Einflüsse aus der Bevölkerung. Die polizeiliche Arbeit für sich genommen war nach Einschätzung der Befragten der unbedeutsamste Grund für Festnahmen.[290]

In Bezug auf jugendliche Einbrecher wurde festgestellt, dass vorläufige Festnahmen der Polizei nur in einem Viertel der Fälle in Untersuchungshaftbefehle umschlugen.[291] Hier wurden Haftbefehle - möglicherweise mit Blick auf eine drohende Entwicklungsstörung der Jugendlichen durch eine frühe Inhaftierung - von der Justiz abgelehnt. Haftbefehle wurden überproportional gegen TV verhängt, die bereits vorbestraft waren. Mit zunehmendem Alter nahm auch die Wahrscheinlichkeit der Verhängung eines Haftbefehls zu.[292]

Die Ruhrgebiets-Untersuchung

In der vorliegenden Arbeit wurde jede Festnahme als einzelner physischer Vorgang gezählt. Erfolgte also etwa eine Festnahme in Bezug auf mehrere WED-Fälle, weil der TV etwa einer Tatserie verdächtigt wurde, so wurde die Festnahme dennoch nur einmal – so wie sie als Lebensvorgang geschehen war - gezählt. Wurden in Bezug auf einen Fall jedoch zwei oder drei TV festgenommen, so wurden auch zwei oder drei Festnahmen gewertet.

Hypothese: In mindestens jedem zehnten Fall mit Tatverdächtigen kommt es zu einer oder mehreren Festnahmen

---

[286] Deutsches Forum für Kriminalprävention, S. 16; ähnliches Ergebnis auch bei Krainz, S. 127
[287] Krainz, S. 131
[288] a. a. O., S. 136
[289] a. a. O., S. 133
[290] Rehm et al., S. 137
[291] Wernitznig, S. 163
[292] a. a. O., S. 168 f.

Im Material der Ruhrgebiets-Untersuchung fanden sich 40 Fälle (13 %), in denen insgesamt 66 TV festgenommen wurden (Abb. 44). Es ergab sich also in den betreffenden Fällen ein durchschnittlicher Festnahmefaktor von 1,7 Festgenommenen. Damit erfolgten also in den Fällen mit TV in etwas mehr als jedem zehnten Fall Festnahmen. Betrachtet wurden auch die Umstände, unter denen die Einbruchsverdächtigen festgenommen wurden. So wurden in fast jedem vierten Fall (25 %) die TV noch im Tatobjekt oder zumindest noch auf demselben Grundstück ergriffen. 40 % wurden im Rahmen von Tatortbereichs-fahndungen festgenommen, bei denen die Polizei von dem Fall und den flüchtigen Tätern Kenntnis erlangt und in einem gewissen Umkreis um das Tatobjekt zumeist mit mehreren Streifenwagenbesatzungen die Suche nach den TV aufnimmt. Jede dritte Festnahme (35 %) erfolgte unter anderen Umständen, etwa im Rahmen einer Observation verdächtiger Personen oder wenn die TV nach Ermittlungen schließlich zuhause aufgesucht und festgenommen wurden (Abb. 45). Von Interesse war neben dem Volumen der Festnahmen und den Festnahmeumständen auch noch der Fortgang der Festnahmen. Als Erfolg werden aus polizeilicher Sicht regelmäßig nur die Festnahmen betrachtet, die auch in einen Untersuchungshaftbefehl und eine Inhaftierung des TV münden. Dabei spielt in den Reihen der Polizei sicherlich weniger der Gedanke einer Besserung des TV eine Rolle und auch die Frage, ob durch den Freiheitsentzug Kriminalität verringert wird, ist für die meisten Praktiker nur insoweit bedeutsam als sich durch ein Abreißen von Tatserien nach Festnahmen die Effizienz polizeilicher Arbeit ablesen lässt. Die mit Blick auf eine richterliche Vorführung gestellte Frage „Ist er reingegangen oder nicht?"

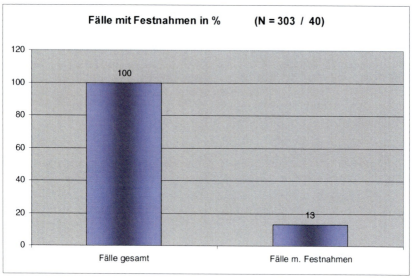

Abb. 44 (Quelle: Eigene Erhebung)

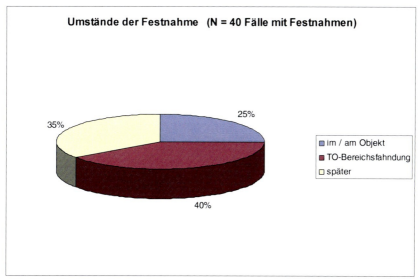

Umstände der Festnahme (N = 40 Fälle mit Festnahmen)

35%

25%

- ■ im / am Objekt
- ■ TO-Bereichsfahndung
- □ später

40%

Abb. 45 (Quelle: Eigene Erhebung)

bestimmt aber auch nicht unwesentlich das Verhältnis zwischen Polizei und Justiz, da unter Polizeipraktikern die Freilassung eines mit Mühe Festgenommenen durch Staatsanwaltschaft oder Gericht als Abwertung und Beeinträchtigung des polizeilichen Arbeitserfolges „Freiheitsentzug" wahrgenommen wird. Die Polizeipraxis folgt damit häufig dem in der Bevölkerung vertretenen Klischee, dass „man heute einen Täter fängt und er morgen schon wieder frei herumläuft". Bisweilen scheint dabei die einzig entscheidende Frage, ob ein Haftgrund vorliegt oder nicht in den Hintergrund zu treten. Im Aktenbestand der Ruhrgebiets-Untersuchung fanden sich zu den 66 Festgenommenen 31 Fälle (47 % der Festnahmen), in denen die Polizei entweder aufgrund eigener Erwägungen oder nach Rücksprache mit der Staatsanwaltschaft die TV wieder auf freien Fuß setzte. In 35 Fällen (53 %) ergingen schriftliche Ersuchen um Erwirkung eines Haftbefehls an die StA. In 29 Fällen (44 %) stellten die Staatsanwälte Anträge auf Haftbefehle bei Gericht und in 26 Fällen (39 %) erging ein solcher Gerichtsbeschluss auch (Abb. 46).

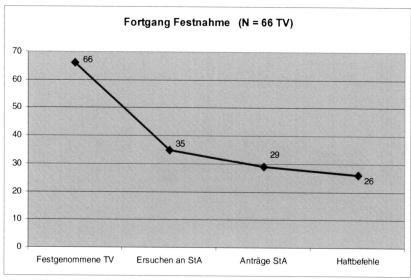

Abb. 46 (Quelle: Eigene Erhebung)

Hypothese: Festnahmen erfolgen mehrheitlich durch den uniformierten Streifendienst

In den 40 Festnahmefällen war 24mal der uniformierte Streifendienst an den Festnahmen beteiligt. 15mal erfolgten die Maßnahmen unter Beteiligung so genannter ziviler Einsatztrupps, die gezielt zur Beobachtung Verdächtiger auf der Straße eingesetzt werden. Fünfmal waren an den Zugriffen Beamte der Diensthundestaffeln, zweimal Beamte der Bereitschaftspolizeihundertschaften und dreimal Beamte der Kriminalpolizei beteiligt. Fünf Festnahmen erfolgten durch Bürger, die die TV auf frischer Tat am Objekt ertappten, wobei in einem Fall der Täter vom körperlich überlegenen Wohnungsinhaberin überrascht, gefesselt und der Polizei übergeben wurde (Abb. 47)[293]. Demnach ist die Mehrheit der Festnahmen durch Beamte des uniformierten Streifendienstes erfolgt. Dies dürfte sich trotz einer erhöhten, erfolgsmindernden Erkennbarkeit der uniformierten Beamten durch die TV aus der höheren Präsenz dieser Kräfte erklären.

Die in der Forschung konstatierte geringe Gewaltbereitschaft von Wohnungseinbrechern hat sich auch im Fallbestand der Ruhrgebiets-Untersuchung bestätigt. Dies gilt allerdings ebenso für die eher hohe Fluchtbereitschaft dieser TV. So ist es in zahlreichen Fällen dazu gekommen, dass Einbrecher beim Eintref-

---

[293] 140 Js 428 / 09

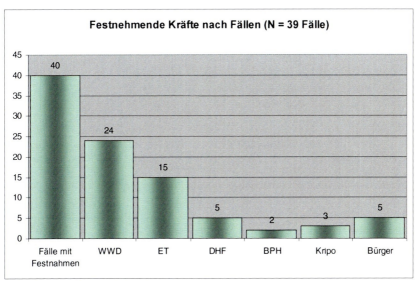

Festnehmende Kräfte nach Fällen (N = 39 Fälle)

Abb. 47 (Quelle: Eigene Erhebung)

fen der Polizei aus Fenstern gesprungen oder durch Terrassentüren ins Freie gelaufen sind. Jedoch konnten sie nach mehr oder minder langen Verfolgungen zu Fuß von den verfolgenden Polizeibeamten eingeholt und zumeist widerstandslos festgenommen werden. Teils ergaben sie sich auch schon direkt im Objekt. In einer geringeren Zahl von Fällen kam es zu Rangeleien, die zwar strafrechtlich als Widerstand gegen Vollstreckungsbeamte - § 113 StGB – zu werten waren, allerdings ohne nennenswerte Verletzungsfolgen für die Beamten blieben. So wurden etwa zwei Verdächtige im Rahmen einer Nahbereichsfahndung von Polizeibeamten in Zivil erkannt. Als diese sich den beiden Männern näherten, begriffen die TV, dass Ihnen die Polizei gegenüberstand. Beide traten sofort die Flucht an. Einer der beiden raste mit einem Fahrrad davon, warf dieses nach etwa 100 m auf den Gehweg, überkletterte ein Sperrgeländer und sprang von einer Mauer fast fünf Meter (!) tief auf ein angrenzendes Industriegelände. Er konnte offenbar unversehrt unerkannt entkommen, da die verfolgenden Zivilbeamten wenig Neigung verspürten, seinem Beispiel zu folgen und bei einem Sprung Knochenbrüche zu riskieren. Der zweite Verdächtige flüchtete währenddessen auf mehreren Wohnhausgrundstücken im wahrsten Sinne des Wortes über Hecken und Zäune und versteckte sich schließlich in einer Kiste mit Gartengeräten. Als er dort hervorgezerrt und festgenommen wurde, schlug er um sich, verletzte aber keinen der Polizeibeamten.

3.4.12 Sonstige polizeiliche Maßnahmen

Neben den hier explizit aufgeführten und noch mit einer gewissen Häufung stattfindenden Ermittlungsmaßnahmen gehören zum Handwerkszeug der polizeilichen WED-Bekämpfung noch einige andere, jedoch eher selten praktizierte Maßnahmen. Genannt seien hier etwa

- *Beantragungen von Behördengutachten* zur Untersuchung unterschiedlichster Tatortspuren: Hierbei kann es um die Untersuchung und Begutachtung von Blut-, Vegetations-, Schuh-, Faser- und vielen anderen Spuren gehen.

- *Observationen* erkannter oder vermuteter TV: Die meisten Behörden leisten sich zivile Einsatztrupps, die für unterschiedlichste Delikte der Straßenkriminalität zuständig sind und nach verdächtigen Personen suchen, die ein tätertypisches Verhalten zeigen. Werden durch eigene Beobachtungen dieser Kräfte oder durch entsprechende Hinweise aus den Fachkommissariaten solche Personen ausfindig gemacht, so werden sie mit dem Ziel observiert, sie bei einer Tat, etwa einem Wohnungseinbruch, auf frischer Tat festzunehmen und Tatschäden möglichst zu verhindern.

- *Finanzermittlungen* gegen TV, deren Kontobewegungen durch Spezialdienststellen durchleuchtet werden. Dabei kann in Verdachtsfällen festgestellt werden, ob Tatverdächtige etwa nach Einbrüchen auffällige Kontobewegungen an den Tag legen. Wird plötzlich entgegen längerer Gewohnheit ein bis dahin marodes Konto gefüllt oder Ausgaben getätigt, die sich mit der bisherigen finanziellen Situation des Verdächtigen nicht in Einklang bringen lassen, so können durch Finanzermittlungen neue Ermittlungsansätze geschaffen werden. Zu den Finanzermittlungen zählen aber auch Gewinn abschöpfende Maßnahmen, bei denen den TV auf der Grundlage der §§ 73, 73 d StGB (Verfall bzw. erweiterter Verfall) mittelbare und unmittelbare Vorteile aus der Tat, etwa die Tatbeute, für die Tatbeute erhaltene Vermögenswerte oder Tatlohn, entzogen werden. Werden derartige Wertsachen oder Vermögenswerte sichergestellt bzw. beschlagnahmt, so werden sie im Wege der Rückgewinnungshilfe an den Geschädigten zurückgegeben. Andernfalls fallen sie dem Staat zu.

- Erstellung von *Altersgutachten* bei fraglicher Minderjährigkeit der TV: Durch ausländische Banden, insbesondere aus Osteuropa, werden bisweilen gezielt Kinder und Jugendliche zu den Wohnungseinbrüchen eingesetzt. Während die erwachsenen Täter die jungen Leute oft nur zum Tatort transportieren und sich dann zurückziehen, werden die Jüngeren in die Häuser geschickt. Die Intention ist, aus der Strafunmündigkeit der im Objekt eingesetzten Täter Kapital zu schlagen. Wird ein 12 oder 13jähriger bei einem Einbruch festgenommen, so hat er letztlich nichts zu befürchten, da er strafunmündig ist. Die Angaben vieler festgenommener Täter zu ihrem Alter sind dann aber oft zweifelhaft. Obwohl sie optisch teilweise wie Anfang oder Mitte 20 wirken, behaupten sie, in der Hoffnung mangels Strafmündigkeit freigelassen zu werden, dass sie unter 14 Jahren alt seien. In Zweifelsfällen können hier Beschlüsse auf Erstellung von medizinischen Altersgutachten erwirkt werden. Anhand von Handwurzelknochen- und Zahnstatusbestimmungen lässt sich das Alter der Verdächtigen zumeist in einem Von-bis-Bereich feststellen. So kann Klarheit geschaffen werden, ob man es mit einem Strafmündigen zu tun hat oder nicht. Erkennt das Altersgutachten auf einen Altersbereich, der zwischen dem Kindesalter unter 14 Jahren und dem Jugendalter schwankt, so muss zugunsten des Festgenommenen das geringere Alter angenommen werden. Die Konsequenz ist, dass die Verdächtigen in Jugendheime gebracht werden und dort entweder schon nach kurzer Zeit entweichen oder von Angehörigen oder mehr oder minder dubiosen Rechtsanwälten abgeholt werden.

- Internet-, insbesondere Ebay-Recherchen nach Tatbeute.

- *Beuteausstellungen* in Polizeidienststellen bei aufgefundener Beute zur Zuordnung zu Tatorten und Opfern: Werden größere Mengen an mutmaßlichem Diebesgut aufgefunden, so werden so genannte Beuteausstellungen durchgeführt. Diese Ausstellungen werden in aller Regel über die örtliche Presse öffentlich bekannt gemacht. Teilweise werden auch gezielt Geschädigte angeschrieben, die innerhalb eines bestimmten Zeitraumes einem Wohnungseinbruch zum Opfer gefallen sind und als Eigentümer der gefundenen Wertsachen infrage kommen könnten. Immer wieder sind derartige Ausstellungen erfolgreich und es kann von Besuchern der Ausstellungen tatsächlich entwendetes Diebesgut wiedererkannt werden. Insbesondere bei eher unmarkanten Beutestücken wie massenhaft produzierten Gold- oder Perlenketten stellt sich bisweilen die Frage, ob die Besucher der Beuteausstellungen tatsächlich sicher sind, ihr Eigentum erkannt zu haben oder nur einem Irrtum erliegen. Die Beuteausstellungen sind in den Fällen, in denen man es nicht mit Wertsachen zu tun hat, die mit Individualnummern versehen sind, oft der einzige Weg einer Zuordnung zu einer Tat. Es mangelt der Polizei – nicht nur in Nordrhein-Westfalen – leider immer noch an einem effizienten Beuterecherchesystem. In den Asservatenkammern der Staatsanwaltschaften schlummern zahllose Wertsachen, bei denen klar ist, dass sie aus Straftaten stammen, aber unbekannt bleibt, wo die Sachen gestohlen wurden. Hier besteht noch dringender Handlungsbedarf, da sowohl die Schadenwiedergutmachung wie auch die Chance, durch Beutezuordnungen Straftaten aufzuklären, auf der Strecke bleiben.

- *Verkaufswegrecherchen* bei Beutestücken, deren Hersteller bekannt ist: Werthaltige Sachen wie teure Uhren, Laptops, Mobiltelefone, Spielkonsolen, Film- und Fotogerät verfügen häufig über Individualnummern, die einzelnen Exemplare auch zehntausendfach hergestellter Gegenstände unterscheidbar machen. Auch Sicherheitsschlüssel sind häufig individuell gekennzeichnet. Sachen der genannten Kategorien sind bei Wohnungseinbrüchen beliebte Beutestücke. Ist bei der Auffindung solcher Sachen bei Tatverdächtigen eine Zuordnung nicht möglich, da die Gegenstände nicht im polizeilichen Fahndungssystem ausgeschrieben sind und scheint eine Beuteausstellung nicht zweckmäßig oder ist erfolglos, so bleiben u. U. noch Verkaufswegrecherchen. Anhand der Individualnummer kann bei den Herstellern teilweise nachvollzogen werden, an welchen Einzelhändler der Gegenstand verkauft wurde. Im Idealfall hat auch der Einzelhändler Buch darüber geführt, an welchen Kunden er die Sache verkauft hat. So lassen sich vereinzelt derartige Beutestücke noch zuordnen und die Einbrecher oder Hehler ermitteln.

Infrage kommen aber auch

- Opferschutzmaßnahmen bei stark beeinträchtigen Opfern wie etwa der Einsatz von polizeilichen Opferschutzbeauftragten oder externen Opferhilfestellen. Sowohl die Opferschutzbeauftragten wie auch die Opferhilfestellen bieten den psychisch oft schwer getroffenen Einbruchsopfern auch die Vermittlung weiterführender Hilfe an. So werden durch diese Hilfsstellen teilweise auch Kontakte zu praktizierenden Psychotherapeuten oder Traumaambulanzen größerer Kliniken hergestellt.

- oder auch der Einsatz so genannter Mantrailerhunde an frischen Tatorten, mit denen die Fährte von flüchtigen TV oder die Verstecke von Beute oder Tatwerkzeugen ausfindig gemacht werden sollen. Mantrailing bezeichnet das Verfolgen einer menschlichen Geruchsspur. Diese Spur besteht materiell aus geruchstragenden Haut- und Haarschuppen, von denen ein Mensch pro Minute durchschnittlich 40.000 verliert und die langsam zu Boden gehen. Ihre Spur kann von speziell geschulten Mantrailer-Hunden gerochen und verfolgt werden. Die Verfolgung ist nach von Buddenbrock über mehrere Kilometer und teilweise auch noch nach Monaten möglich.[294]

Die Ruhrgebiets-Untersuchung

Neben den zuvor bereits breiter dargestellten polizeilichen Maßnahmen ergaben sich aus dem Aktenbestand der 303 untersuchten Fälle noch folgende weitere, die der nachfolgenden Tabelle zu entnehmen sind:

---

[294] Von Buddenbrock, S. 10; Interview mit PHK Döpke, Leiter Polizeidiensthundestaffel NRW, v. 23.11.11: Die genannten Zeiträume sind unrealistisch. Selbst das Fährtenlesen nach wenigen Wochen verspricht kaum noch eine Aussicht auf Erfolg.

Betreuung durch Opferschutz veranlasst	2
Beuteausstellungen	2[295]
Ebay-Recherchen	1
Einsatz Mantrailerhund	2
Ersuchen Altersgutachten	1
Ersuchen Auslesen Handydaten	2
Ersuchen Ausschreibung Aufenthaltsermittlung	1
Ersuchen zur technischen Überwachung eines TV-Wohnsitzes (Kameraobservation)	1
Finanzermittlungen / Gewinnabschöpfung	6
Gutachten Abgleich Werkzeug / Spur	4
Gutachten Abgleich Schuh / Schuhspur	1
Observation aufgefundenes TV-Fahrzeug	1
Sammlungsvergleich Schuhspuren-ED	3
Sicherstellung TV-Fahrzeug	2
TO-Bereich n. TV-Fahrzeug abgesucht	1
Verkaufswegverfolgung Schlüssel	1
Überwachungsaufnahmen v. Bank angefordert	1

So wurden in zwei Fällen polizeiliche Opferschutzbeauftragte, die besonders für solche Fälle ausgebildet sind, von den SB der Kripo auf Opfer aufmerksam gemacht, die besonderen seelischen Schaden durch die Taten erlitten hatten und weiterer Hilfe bedurften. In Bezug auf einen mutmaßlichen Serientäter wurde eine Ebay-Recherche über seine Verkäufe nach Beginn seiner Tatserie veranlasst, um Beute wiederzufinden. An zwei Tatorten einer vermutlichen Serie wurden Mantrailerhunde zur Feststellung des Fluchtweges der Täter eingesetzt. Die Fährten endeten beide an einem Parkplatz, an dem der oder die Täter möglicherweise ein Fahrzeug bestiegen hatten. In einem weiteren Fall wurde ein Altersgutachten in Auftrag gegeben, um die fragwürdigen Altersangaben eines angeblichen unter 14jährigen, strafunmündigen TV überprüfen zu lassen. Weiterhin wurde einmal ein Ersuchen an die Staatsanwaltschaft gerichtet, einen Beschluss auf eine technische Überwachung eines Tatverdächtigenwohnsitzes mit einer Kamera zu erwirken. In drei Fällen wurden Finanzermittlungen bei polizeilichen Spezialdienststellen veranlasst, um die Vermögensverhältnisse von TV durchleuchten zu lassen. Einmal wurde ein TV-Fahrzeug sichergestellt, in einem weiteren Fall eine Absuche um den Tatort herum nach einem möglichen TV-Fahrzeug in Gang gesetzt. In einem weiteren Sachverhalt wurde eine zweistellige Zahl von Verkaufswegüberprüfungen zu Schlüsseln initiiert, die in der Wohnung eines TV sichergestellt worden waren. Bei dem Mann waren mehr als 1000 Gegenstände sichergestellt worden, die zum großen Teil einigen WED zugeordnet werden konnte. Durch die Verkaufswegfeststellungen bei den Schlüsselherstellern erhoffte man sich Hinweise auf weitere TO, an denen die Schlüssel entwendet worden sein könnten. Schließ-

---

[295] 2 Beuteausstellungen mit 19 Treffern

lich wurden einmal auch Aufnahmen einer Überwachungskamera von einer Bank angefordert, nachdem eine gestohlene EC-Karte aus einem WED an einem Bankautomaten zum betrügerischen Erlangen von Bargeld eingesetzt worden war.

3.4.13 Zeugen- und Beschuldigtenkontakte als Indikator polizeilichen Arbeitsaufwandes

<u>Die Ruhrgebiets-Untersuchung</u>

Hypothese: Es bedarf bis zur Tataufklärung weniger als zehn Zeugen- und Beschuldigtenkontakte

---

Die Ermittlungen in einem Wohnungseinbruch können eine große Palette von Maßnahmen sehr unterschiedlichen Ausmaßes umfassen. Ein Ermittlungsaspekt, der häufig mit einem größeren Zeitaufwand verbunden ist als etwa Bürorecherchen nach Tat-, Tatverdächtigen- und Opferdaten ist der Kontakt, den die Polizei mit den Protagonisten der Fälle, nämlich mit Opfern, Zeugen und TV betreibt. Der Umgang mit aufgeregten Opfern, die in ihrer Bestürzung nur mühsam die erforderlichen Informationen für die Polizei zusammenbringen, der Kontakt mit mehr oder minder auskunftssfreudigen Zeugen und die Versuche, mit dem TV eine Wellenlinie zu finden, um ihn zur Preisgabe von Informationen zu gewinnen, verschlingen häufig viel Zeit. Aus diesem Grunde wurden hier auch die Personenkontakte der Polizei als Indikator für ihren Arbeitsaufwand untersucht. Dabei wurden keine innerbehördlichen Kontakte, also etwa zu anderen Polizeibeamten, aber auch keine sonstige Tätigkeiten wie Datenerhebungen in Meldesystemen, polizeilicher EDV, Aufwand der Erstellung von Schriftsätzen etc. berücksichtigt, da sich diese oft auch nur lückenhaft oder gar nicht aus dem Datenmaterial ergeben. Es wird also nicht verkannt, dass die Personenkontakte außerhalb der Polizei nur *ein* Indikator polizeilichen Arbeitsaufwandes sind. Das Datenmaterial der StA-Akten bot hier folgendes Bild:

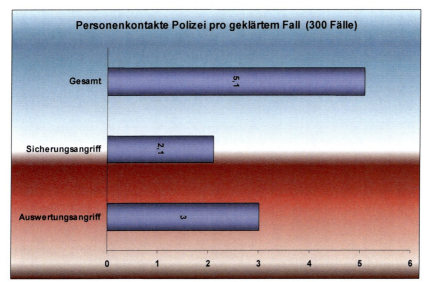

Personenkontakte Polizei pro geklärtem Fall (300 Fälle)

Gesamt — 5,1
Sicherungsangriff — 2,1
Auswertungsangriff — 3

Abb. 48 (Quelle: Eigene Erhebung; in drei der 303 untersuchten Fälle ließ sich die Zahl der Personenkontakte nicht sicher erkennen. Daher bezieht sich die Analyse nur auf 300 Fälle)

Im Rahmen des Sicherungsangriffes, der insbesondere die Anzeigenaufnahme durch die Schutzpolizei sowie die Spurensicherung durch Spurensicherungsdienste umfasst und sich auf das Anfangsstadium der Strafverfolgung beschränkt, kam es für die Polizei durchschnittlich zu zwei Personenkontakten. Im Auswertungsangriff, also nach Abgabe des Falles an die Sachbearbeitung, fanden im Durchschnitt drei Kontakte statt. Minimal kam es insgesamt zu einem Kontakt, nämlich dann, wenn sich der Fall bei vagem, schon bei der Anzeigenerstattung geäußertem Verdacht auf die Anzeigenaufnahme beschränkte und der Sachbearbeiter keinen Kontakt mehr mit Verfahrensbeteiligten aufnahm. Die maximale Zahl von Kontakten in einem Fall betrug 16, wobei hier teilweise mit einigen Personen auch mehrfach Kontakt aufgenommen wurde. Es blieb damit durchschnittlich bei deutlich weniger als zehn Personenkontakten pro Fall (Abb. 48).

3.4.14 Relevante Beweise und Indizien aus polizeilicher Sicht

Die Ruhrgebiets-Untersuchung

Hypothese: Bei polizeilich geklärten Fällen dominieren die Sachbeweise

Die Darstellung der von den kriminalpolizeilichen Sachbearbeitern für relevant gehaltenen Beweise und Indizien ergab sich regelmäßig aus den Abschluss-

115

vermerken der Vorgänge, in denen das Wesentliche der Beweisführung gegen die TV zusammengefasst wurde. Untersucht wurde, in welchem Maße Personalbeweise, Geständnisse und Sachbeweise aus Sicht der Polizei den Tatver-

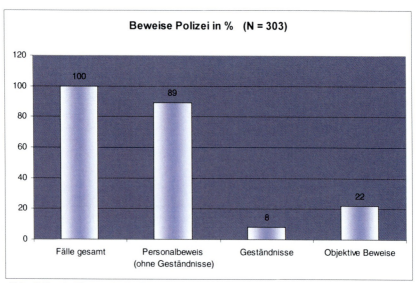

Abb. 49 (Quelle: Eigene Erhebung)

verdacht begründeten. Zu den Personalbeweisen wurden sowohl Zeugenaussagen gerechnet wie auch kriminalistische Erwägungen der Sachbearbeiter, aus denen sich der Verdacht herleiten sollte und die zum Teil nur auf Indizien beruhten. In 269 Fällen (89 %) wurden Personalbeweise angeführt, in 24 Fällen (8 %) Geständnisse und 67mal (22 %) kamen nach Einschätzung der Kriminalbeamten objektive Beweise zum Tragen (Abb. 49)[296].

Die kriminalistischen Erwägungen beruhten besonders bei vermeintlich erkannten Tatserien regelmäßig auf zeitlich-räumlichen Zusammenhängen mit einer anderen, gut bewiesenen Tat, die etwa nach einer Festnahme auf frischer Tat gesehen wurden. Allerdings gab es in vielen dieser Fälle keinen weiteren Hinweis auf die Täterschaft des Verdächtigen. Daneben trugen Zeugenaussagen mehr oder minder großer Inhaltsschwere den Verdacht. So waren die Fälle zu unterscheiden, in denen Zeugen etwa den Täter beim Ausbaldowern, bei der Tat oder bei der Flucht beobachtet hatten. Daneben wiederum gab es Aussagen, in denen lediglich Mutmaßungen von Zeugen zur Täterschaft einer Person zum Ausdruck kamen, die wiederum oft nicht durch weitere Beweise

---

[296] Aufgrund von Mehrfachnennungen ist die Zahl der Beweise höher als die Zahl der untersuchten Fälle. Als Grundgesamtheit zählten hier nur 274 Fälle. Die 29 Fälle, die als geklärt in die PKS eingegeben wurden, ohne dass es einen TV gab, wurden herausgerechnet.

getragen wurden. Diese Mutmaßungen reichten vom Gewicht her von Fällen, in denen der Zeuge lediglich ein „Bauchgefühl" zum Ausdruck brachte bis hin zu solchen Taten, in denen Zeugen etwa vom Tatverdächtigen die Tat sogar angedroht worden war. Sowohl rein kriminalistische Annahmen wie auch Mutmaßungen von Zeugen waren in mindestens 128 Fällen die einzigen Hinweise auf die Täterschaft einer Person. Bei den objektiven Beweisen war es in mindestens 36 Fällen zugeordnete Tatbeute, die bei einem Verdächtigen gefunden wurde und den Verdacht begründete. Daneben wurden von den Kriminalbeamten als Sachbeweise auch Standortdaten von Telefonüberwachungen und Tatortspuren aufgeführt, die sich zum Teil aber später – wie bei einigen DNA-Spuren – als nicht auswertbar erwiesen. Der Sachbeweis, vor allem Tatortspuren, spielten damit als Tatbeweis in den untersuchten Fällen nur eine untergeordnete Rolle.

3.5 Bewertung und Bearbeitung polizeilich geklärter Wohnungseinbrüche durch die Staatsanwaltschaft

3.5.1 Aufgabe der Staatsanwaltschaft und Verhältnis zur Polizei

Polizei und Staatsanwaltschaft sind auch bei WED kraft Gesetzes Kooperationspartner. Die Polizei hat nach § 163 StPO „Straftaten zur erforschen und alle keinen Aufschub gestattenden Anordnungen zu treffen". Herrin des Ermittlungsverfahrens wiederum nach §§ 160 ff. ist die Staatsanwaltschaft, die der Polizei gegenüber weisungsbefugt ist. In der Praxis liegt die Ausgestaltung des Ermittlungsverfahrens aber in den meisten Fällen bei der Polizei, weil sie – im Gegensatz zur StA – personell zu einer eigenständigen Verfahrensführung in der Lage ist. Polizei und StA sind also Kooperationspartner, deren Zusammenarbeit allerdings häufig in einem starken Spannungsfeld stattfindet. Der Polizei wird nicht selten sowohl hinsichtlich ihrer Deliktsbewertung wie auch hinsichtlich der Intensität ihrer Maßnahmen eine Überbewertungstendenz vorgeworfen[297], die in der Praxis durch die StA korrigiert wird und sei es dergestalt, dass von der Polizei beabsichtigte Maßnahmen nicht genehmigt oder nicht bei Gericht beantragt werden oder dass Verfahren eingestellt werden, die von der Polizei als geklärt dargestellt werden. Polizei und StA folgen nach Darstellung der Studie „Strukturwandel polizeilicher Verbrechensbekämpfung" verschiedenen Handlungsmustern. Während für die Polizei die Zweckmäßigkeit handlungsleitend ist, folgt die Staatsanwaltschaft dem Prinzip der Verwirklichung von Recht und Gerechtigkeit.[298]

Der Kölner Oberstaatsanwalt Bülles äußert die Ansicht, dass die polizeiliche Einschätzung, gegen Täter würde mit „zu milden, kaum verständlichen Strafen" vorgegangen, oft auch ein Produkt unzureichender polizeilicher Arbeit sei. So würde den Ermittlungsbeamten der Polizei oft der Einblick in forensische

---

[297] so auch Kudlacek et al., S. 23
[298] Bülles, S. 495

Erfordernisse fehlen und nach Inhaftierung von Tätern und Durchsuchung zahlreicher Objekte Ermittlungskommissionen aufgelöst, die Fälle nur noch auf minimaler Basis abgearbeitet und polizeilich für geklärt deklariert. Das reiche oft aber für angemessene Verurteilungen nicht aus.[299]

Wernitznig stellt fest, dass die StA in 24 % der WED bei jugendlichen Einbrechern eine Umbewertung der Tat vorgenommen hat. So wurde bei 13 TV statt auf schweren nur auf einfachen Diebstahl erkannt. Bei 10 TV wurde statt Vollendung nur Versuch angenommen. Elf Taten wurden als Nichtvermögensdelikte eingestuft, bei zwei TV lag keine Straftat vor. Außerdem wurde in weiteren Fällen eine andere Qualifikation des Einbruchs angenommen als es bei der Polizei der Fall war bzw. auf Haus- und Familiendiebstahl nach § 247 StGB erkannt.[300]

Ein Problem bei der Zusammenarbeit zwischen Polizei und Staatsanwaltschaft besteht darin, dass bisweilen auch bei deutlichen Zusammenhängen zwischen mehreren Einbruchsdiebstählen die Verfahren nicht zusammengefasst und in die Hand eines einzigen Staatsanwaltes gelegt werden. Tatzusammenhänge ergeben sich teilweise aus gleichartigen, auffälligen Begehungsweisen an mehreren Tatorten, aus dem Umstand, dass nachweislich dieselben Personen an mehreren Tatorten aktiv geworden sind, oder etwa, weil Beute von einem Tatort am nächsten aufgefunden wird, da der Täter sie dort aufgrund einer Tatstörung zurücklassen musste. So bleiben zusammenhängende Taten über die Zuständigkeiten mehrerer Staatsanwälte verteilt. Die einzelnen Juristen verspüren häufig mit Blick auf ihre gut gefüllten Schreibtische auch wenig Neigung, von sich aus die Fälle ihrer Kollegen freiwillig zu übernehmen, da sie ihre eigene Arbeitsbelastung dadurch erhöhen. So muss die Polizei in jedem einzelnen Fall den unterschiedlichen Staatsanwälten die Gesamtzusammenhänge der Serie erklären. Diese zeitraubenden Aktivitäten entfallen dann, wenn ein einziger Staatsanwalt alle in Rede stehenden Fälle bearbeitet, da er die Details sämtlicher Fälle kennt und ihm Zusammenhänge dadurch deutlich werden. Durch eine sachfremde Zergliederung von Tatserien in Einzeltaten unterbleiben leider bisweilen auch kraftvolle, zeitnahe staatsanwaltschaftliche Maßnahmen, die zu einer effizienten Bekämpfung von Serientaten erforderlich wären. Strafprozessuale Maßnahmen, die eine Katalogtat nach § 100a StPO voraussetzen, unterbleiben dadurch, da es erst gar nicht zu Feststellung einer bandenmäßigen Tatbegehung kommt. Auch führt das Ignorieren solcher Zusammenhänge dazu, dass letztlich alle Taten nur als „einfache" Wohnungseinbrüche und nicht als „Bandenmäßige schwere Diebstähle" verurteilt werden, was sich auch auf das Strafmaß auswirkt.

---

[299] a. a. O., S. 498
[300] Wernitznig, S. 154 + 156 f.

3.5.2 Anklagen und Verfahrenseinstellungen

Forschung und Praxis

Zur Erledigungspraxis der Staatsanwaltschaften zum Wohnungseinbruch gibt es kaum Forschung. Lediglich Wernitznig trifft in ihrer Untersuchung zu jugendlichen Einbrechern einige Feststellungen. So kam es dort in 57 % der Fälle zu Anklagen, jeder vierte Fall wurde nach § 170 II StPO eingestellt, es folgten Einstellungen nach § 154 StPO mit 12 % und nach § 45 JGG mit 3 %.[301] Gegenüber Jugendlichen besteht eine größere Neigung zur Sanktionierung als gegenüber Erwachsenen. Mit zunehmenden Täteralter steigt die Quote der Einstellungen mangels Tatnachweises nach § 170 StPO.[302] Dies hat vermutlich damit zu tun, dass die Tatverdächtigen mit zunehmendem Alter bessere und raffiniertere Techniken zur Verschleierung der Täterschaft entwickeln. Je höher die Schicht ist, der ein TV angehört, desto größer ist die Chance, dass das Verfahren eingestellt wird.[303] Bei vorbestraften TV wird das Verfahren seltener eingestellt als bei nicht vorbestraften.[304] Einstellungen bei geständigen Tätern waren seltener als bei ungeständigen.[305] Bei Untersuchungshäftlingen wurden nur in 6 % aller Fälle die Verfahren eingestellt, bei arbeitslosen TV deutlich seltener als bei berufstätigen.[306] Die Feststellungen zur Berufstätigkeit sind allerdings nach Feststellung des Autors kritisch zu betrachten. Sie werden in der Praxis oft unvollständig erhoben und in den seltensten Fällen überprüft. Gerade bei TV, denen Haft droht, scheint die Neigung groß, ein bestehendes oder unmittelbar bevorstehendes Arbeitsverhältnis zu behaupten, um der Untersuchungshaft oder einer Freiheitsstrafe zu entgehen.

Die Ruhrgebiets-Untersuchung

Mit Blick auf die Wirksamkeit polizeilicher Arbeit ist die Behandlung der Fälle bei Staatsanwaltschaft und Gericht vor allem für den Polizeipraktiker von größtem Interesse. Was macht die Staatsanwaltschaft aus seinem Fall? Wird das Verfahren möglicherweise mehr oder weniger leichtfüßig einstellt? Kommt es zu einer Verurteilung der Täter? In der Praxis wird hier bisweilen verkannt, dass auch die Fälle, die nach den Regularien der PKS eindeutig als geklärt bezeichnet werden dürfen, von einer beweisfesten, für eine Verurteilung genügende Sachverhaltsaufklärung weit entfernt sind.

Hypothese: Die Mehrheit der von der Polizei ermittelten TV wird von der Staatsanwaltschaft zur Anklage gebracht

---

[301] Wernitznig, S. 31
[302] a. a. O., S. 180 f.
[303] a. a. O., S. 183
[304] a. a. O., S. 187
[305] a. a. O., S. 193
[306] a. a. O., S. 197 f.

Die vom Autor dieser Untersuchung erhobenen Daten dürften in ihren Ergebnissen oft ernüchternd auf diejenigen wirken, die auf der Seite der Polizei mit der Klärung des Falles beschäftigt waren. So mündeten die Verfahren gegen TV nur in 17 % der Fälle in Anklagen. Die übrigen 83 % wurden von der Staatsanwaltschaft eingestellt. Die Einstellungsgründe sind ganz unterschiedlicher Natur. So wurden 51 % der Fälle mangels ausreichenden Tatverdachtes nach § 170 II StPO eingestellt. Hinter dieser großen Zahl von Fällen verbargen sich vornehmlich zwei Typen: Zum einen handelte es sich zum Fälle, in denen von Tatopfern oder Dritten Verdächtigungen gegen konkrete Personen geäußert wurden, die sich aber weder mit Zeugenaussagen noch mit objektiven Beweismitteln belegen ließen und in denen die TV auch nicht geständig war. Ein Teil der Verdächtigungen war äußerst vage und beschränkte sich etwa auf die Feststellung der Opfer, dass es in der Vergangenheit zwischen dem TV und dem Opfer Missstimmungen gegeben habe, so dass man dem TV die Tat zutraue oder dass der Täter vor oder nach der Tat Äußerungen getätigt habe, die seine Täterschaft möglich erscheinen ließen. Der zweite, häufige Typus von Taten, bei dem die Staatsanwaltschaft auf „keinen hinreichenden Tatverdacht" befand, waren mutmaßliche Serientaten, die dem TV von der Polizei angerechnet wurden. So war ein typisches Muster solcher Tatklärungen, dass ein TV etwa auf frischer Tat festgenommen und ihm diese Tat einwandfrei bewiesen werden konnte. Im Nachgang wurden den TV im Rahmen der Aufbereitung des Falles nach mehr oder weniger großzügigen Kriterien und nach mehr oder weniger ausgefeilten kriminalistischen Erwägungen weitere Fälle angelastet, die sich innerhalb der letzten Tage oder teils auch der letzten Wochen vor der Festnahme ereignet hatten und die sich in einem engeren, teilweise aber auch halbe Stadtgebiete umfassenden Zirkel rund um den „sicheren" Tatort ereignet hatten. Für diese weiteren Fälle gab es häufig nicht den allergeringsten Beweis der Täterschaft des Festgenommenen, wenngleich nicht auszuschließen ist, dass die sachbearbeitenden Beamten im einen oder anderen Fall mit ihren Erwägungen zu einem zeitlich-räumlichen Zusammenhang Recht gehabt haben könnten. Aber es fehlte in diesen Fällen jeglicher Beweis. Sie alle wurden polizeilich als geklärt geführt und anschließend eingestellt.

Stellvertretend für viele andere Fälle hier ein Zitat aus einem Abschlussvermerk, der gewissermaßen als Formblatt einer zweistelligen Zahl von Fällen angehängt wurde, die statistisch als geklärt geführt wurden:

„Am 29.12.08 wurde der Beschuldigte I. V. (Anm. d. Autors: Personalien verkürzt) u. a. wegen Wohnungseinbruchs vorläufig festgenommen. (…) Aufgrund der Modus Operandi (sic!), Tatort und Tatzeit liegt nach kriminalistischer Bewertung nahe, dass der Beschuldigte für den hier vorliegenden Einbruch als Täter in Betracht kommt. Hinreichende Gründe für einen konkreten Tatverdacht können zum jetzigen Zeitpunkt allerdings nicht begründet werden. (…) Der beschuldigte (sic!) streitet in seiner verantwortlichen Vernehmung die vorliegende Tat ab."

Oder auch hier eine Feststellung aus einer kleinen Tatserie, die als geklärt in die Kriminalstatistik eingegangen ist. Der Sachbearbeiter stellt in seinem Abschlussvermerk fest:

„Der Beschuldigte kommt nach dem Ergebnis der Ermittlungen auf keinen Fall für die Taten infrage. Er hat den Verdacht gegen seine Person glaubwürdig widerlegt. Es gibt in keinem der Fälle Tatspuren und auch keine zeugenschaftlichen Angaben, die für seine Täterschaft sprechen."

Hier spiegelt sich ein gängiges und politisch sicherlich oft erwünschtes Muster, nach dem Aufklärungszahlen der PKS nach oben bewegt werden. Die Verfahrenseinstellungen der Staatsanwaltschaft waren dann durchaus sachgerecht. In weiteren 9 % erfolgten die Verfahrenseinstellungen nach § 154 StPO. Hier ging es um Einstellungen, weil der TV in einem anderen Verfahren bereits zu einer höheren Strafe verurteilt worden war und der WED dabei nicht mehr ins Gewicht gefallen wäre oder weil der TV in einem noch bevorstehenden Verfahren etwa eine größere Strafe zu erwarten hatte. 2 % machten Einstellungen nach § 153 StPO wegen geringer Schuld des TV aus. Dabei ging es um solche Sachverhalte, in denen sich der Tatverdacht vom ursprünglichen WED etwa auf einen Hausfriedensbruch oder eine Sachbeschädigung reduzierte. Den Verfahrenseinstellungen waren schließlich auch noch die Verfahrenserledigungen gegen 21 % weitere TV zuzurechnen. Hier ging es in einer kleinen Zahl um Einstellungen nach § 205 StPO, weil der Aufenthaltsort des TV zur Zeit einer möglichen Anklageerhebung nicht bekannt war. Den größten Teil dieses Blocks machten aber Verfahrenserledigungen „auf dem kalten Wege" aus, nämlich solche, in denen insbesondere bei Fällen mit mehreren TV die Tatbeiträge einiger TV so schwach bewiesen waren, dass sie keiner Erwähnung mehr wert schienen und weder eine Anklage gegen sie erhoben wurde noch formale Verfahrenseinstellungen erfolgten. Die Akten wurden in Bezug auf die betroffenen TV schlichtweg weggelegt. Nur gegen 74 TV (17 %) wurde in den von der Polizei eingereichten WED-Fällen Anklage erhoben (Abb. 50). Bemerkt sei dabei noch, dass die Fälle, in denen TV auf-geführt waren, lediglich 90 % aller untersuchten Fälle dieser Untersuchung ausmachten. In 10 % der von der Polizei eingereichten Fälle gab es nicht den geringsten Tatverdacht gegen irgendeine konkrete Person. Die Fälle wurden willkürlich als statistisch geklärt in die PKS eingegeben. Mithin ist mit Blick auf die obige Hypothese festzustellen, dass weit weniger als die Hälfte der Tatverdächtigen zur Anklage gelangt ist. Allerdings muss hier berücksichtigt werden, dass in den Fällen, in denen nach den §§ 153 und 154 StPO eingestellt wurde, die Klage nicht aus einem Mangel an Beweisen, sondern aus Gründen, die in der Tat oder dem TV lagen, unterblieben ist. Die 74 Anklagen stützten sich von den Beweisen her in 55 Fällen auf Zeugenaussagen, in 17 Fällen auf Geständnisse und in 35 Fällen auf objektive Beweise (Abb. 51), wobei es bei letzteren kaum um Tatspuren ging, sondern um bei TV sichergestellte Beute, die verschiedenen TO zugeordnet werden konnte. Da sich einzelne Anklagen auf mehrere Beweismittel stützten, liegt die Summe der Beweismittel über der Zahl der Angeklagten.

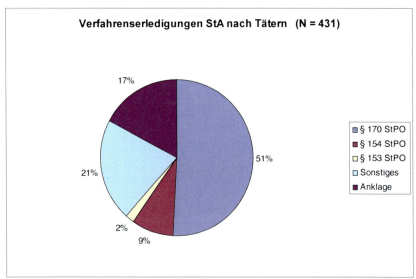

Verfahrenserledigungen StA nach Tätern (N = 431)

17%

21%

51%

2%

9%

- § 170 StPO
- § 154 StPO
- § 153 StPO
- Sonstiges
- Anklage

Abb. 50 (Quelle: Eigene Erhebung; anders als in den anderen personenbezogenen Darstellungen wurde hier eine Mehrfachtäterzählung vorgenommen, da nur sie einen Überblick über Verfahrenserledigungen nach Tätern und Fällen erlaubt. Eine Einzeltäterzählung hätte sich bei 231 TV auf 231 Verfahrenserledigungen beschränkt, obwohl einige TV mehrerer Fälle verdächtigt und damit auch in mehreren Fällen Verfahrenserledigungen unterworfen wurden. Die Mehrfachtäterzählung erbrachte 431 TV)

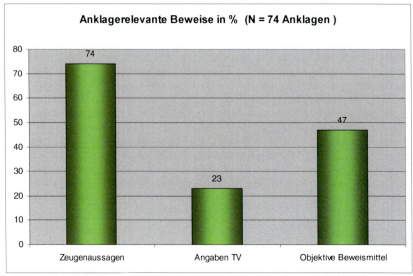

Anklagerelevante Beweise in % (N = 74 Anklagen)

Abb. 51 (Quelle: Eigene Erhebung; Mehrfachzählungen, da in den meisten Anklagen mehr als ein Beweismitteltyp benannt wurde)

3.6 Bewertung und Bearbeitung polizeilich geklärter Wohnungseinbrüche durch das Gericht

3.6.1 Die Aufgaben der Gerichte

Die allgemeine Zuständigkeit der Gerichte für Strafsachen und deren Strafgewalt richtet sich nach §§ 24 ff., 74 ff., 120 ff. und 130 ff. GVG. Den Gerichten kommen im Zusammenhang mit der Verfolgung von WED zwei gleichermaßen bedeutsame Aufgaben zu: Zum einen die Anordnung von Maßnahmen, die unter einem Richter-vorbehalt stehen, deren Anordnung also nicht oder nur unter besonderen Voraussetzungen – zumeist der Gefahr im Verzug – der Polizei oder der Staatsanwaltschaft obliegen. Zum anderen schließlich die Aburteilung der durchermittelten und angeklagten Fälle. So sind etwa Durchsuchungsanordnungen dem Richter vorbehalten, sofern kein die polizeiliche Kompetenz erweiternder Eilfall vorliegt (§ 105 StPO). Der alleinigen Anordnungskompetenz der Gerichte unterliegen z. B. wiederum Maßnahmen zur Überwachung der Telekommunikation (§ 100b StPO).

3.6.2 Aburteilungen

<u>Forschung und Praxis</u>

Rund ein Drittel aller Verurteilungen wegen WED führte 1998 zu unbedingten Freiheitsstrafen bzw. Jugendstrafen, 43 % zu Verurteilungen auf Bewährung und 22 % zu Geldstrafen. Das Bundesministerium für Justiz kam in einer Untersuchung zur Rückfallgefahr bei Personen, die schwere Diebstähle begehen, zu dem Ergebnis, dass von denen, die 2004 wegen einer solchen Tat verurteilt worden waren, innerhalb des Dreijahreszeitraumes bis 2007 53 % wieder verurteilt wurden. Die Wiederverurteilungsquote quer über die Gesamtkriminalität hinweg betrug nur etwas über 30 %[307]. Bei Einbrechern und Personen, die sonstige schwere Diebstähle begehen, liegt die Gefahr des Rückfalls also weit über dem Durchschnitt. Strafvollzug hat bei erfahrenen Straftätern nachweislich keine positive Wirkung und die meisten Befragten erwarben ihr Wissen von erfahrenen Einbrechern während ihrer Haftzeiten.[308] Schon in den 1920er Jahren stellte Tannenbaum dies in den USA in einem Aufsatz über professionelle Kriminelle fest.[309]

Zum Aussageverhalten jugendlicher Einbrecher vor Gericht wurde festgestellt, dass rund 60 % der TV vor Gericht sofort ein Geständnis ablegen, 13 % leugnen oder nur Angaben zur Person machen. Die anderen machten keine Angaben oder sie bestritten Teileelemente des Vorwurfs.[310] Damit ist die Geständnisbereitschaft vor Gericht deutlich höher als gegenüber der Polizei. Unter den

---

[307] Jehle et al., S. 6 und 106
[308] Deutsches Forum für Kriminalprävention, S. 14 f.
[309] Tannenbaum nach Schwind, S. 124 f.
[310] Wernitznig, S. 209

anwaltlich vertretenen TV war ein deutlich höherer Prozentsatz geständig als unter denen, die keinen Verteidiger hatten. Vor Gericht waren sowohl TV geständig, die bei der Polizei die Aussage verweigert hatten wie auch solche, die die Tat bei der Polizei geleugnet hatten.[311] Die Teilnahme der Polizei an Gerichtsverhandlungen dürfte für einen erweiterten Erkenntnisgewinn daher für die Polizei von Vorteil sein. Bei 11 % aller Fälle wich das Gericht in seiner Deliktsbeurteilung von der der StA ab.[312] Verfahrenserledigungen durch das Gericht waren bei Jugendlichen bzw. Heranwachsenden: 20 % Jugendstrafen, 12 % Zuchtmittel, 6 % Erziehungsmaßregeln, 1 % Freiheitsstrafe mit oder ohne Bewährung, 6 % Kombination gem. § 8 JGG, 11 % Einstellungen und Freisprüche. Die Verfahren gegen die übrigen TV waren gar nicht zur Anklage gelangt.[313] 75 % der zu Jugendstrafe Verurteilten waren bereits vorbestraft.[314] Der Täter-Opfer-Ausgleich spielte vor Gericht fast gar keine Rolle, nur mit drei TV wurde er praktiziert.[315] Nach Ansicht von Feltes und Kudlacek lässt sich über den Wert von Bestrafungen streiten. Während in der Bevölkerung mit Blick auf die persönlich stark belastenden Wohnungseinbrüche ein sicherlich weniger von wirklichen Resozialisierungs- als vielmehr von Rache- und Vergeltungsgedanken getragenes Strafbedürfnis besteht, ist der Wert der Strafe in der Wissenschaft teils heftig umstritten. Das Strafmaß spielt in den Erwägungen des Täters vor der Tat kaum eine Rolle und gerade jugendliche Delinquenten lassen sich eher von sozialen Sanktionen durch „Familie, Freunde und Arbeitskollegen" abschrecken. Nicht das Einsperren in Haftanstalten, sondern die Therapierung des Täters und die dadurch verringerte Rückfallwahrscheinlichkeit verhüten Kriminalität und spielen volkswirtschaftlich das 8 - 28fache der Therapiekosten wieder ein.[316]

Die Ruhrgebiets-Untersuchung

Hypothese: Die Mehrheit der angeklagten Wohnungseinbrüche führt zu Verurteilungen

---

Die meisten der 74 Anklagen, nämlich 71, wurden letztlich auch zur Hauptverhandlung vor Gericht zugelassen. Dabei zeichnete sich folgendes Bild der Aburteilungen: Lediglich in zwei Fällen kam es zu Freisprüchen in drei weiteren zu Verfahrenseinstellungen. Bei den Verurteilungen wurden lediglich drei Geldstrafen verhängt. Den größten Raum nahmen bei den Verurteilungen die Freiheitsstrafen ein. Gegen 36 TV wurden Freiheitsstrafen auf Bewährung verhängt, gegen 23 weitere Freiheitsstrafen ohne Bewährung. In den letzten vier Fällen wurden zweimal Sozialstunden gegen jugendliche TV verhängt und zweimal Maßregeln der Besserung und Sicherung ausgesprochen, nämlich ein-

---

[311] a. a. O., S. 212 f.
[312] a. a. O., S. 215
[313] a. a. O., S. 221
[314] a. a. O., S. 241
[315] Wernitznig, S. 247
[316] Kudlacek et al., S. 21

mal eine Einweisung in eine Entziehungsanstalt und einmal eine Einweisung in eine psychiatrische Anstalt nach § 126a StPO, die allerdings zur Bewährung verhängt wurde (Abb. 52).

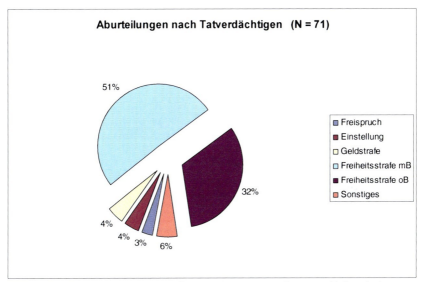

Aburteilungen nach Tatverdächtigen (N = 71)

51%

32%

4%

4% 3% 6%

- Freispruch
- Einstellung
- Geldstrafe
- Freiheitsstrafe mB
- Freiheitsstrafe oB
- Sonstiges

Abb. 52 (Quelle: Eigene Erhebung; bei „Sonstiges" handelte es sich um zwei Maßregeln der Besserung und Sicherung – je eine Einweisung in eine psychiatrische Klinik und eine Entziehungsanstalt)

Bei den Verurteilungsgründen dominierten die Geständnisse mit 48 Fällen, gefolgt von Zeugenaussagen in 36 Fällen und objektiven Beweisen in 32 Fällen (Mehrfachnennungen). Bei den objektiven Beweisen, auf die die Verurteilungen gestützt wurden, ging es ganz überwiegend um zugeordnete Tatbeute, die bei den TV gefunden worden war. Je einmal waren eine DNA-Spur, eine daktyloskopische Spur, ein aufgefundenes Tatwerkzeug sowie die Standortdaten eines Mobiltelefons eines TV in Tatortnähe für die Verurteilungen ausschlaggebend (Abb. 53).

Im Ergebnis bleibt festzustellen, dass die Mehrheit der Anklagen gegen Wohnungseinbrecher auch zu Verurteilungen geführt hat. Betrachtet man die „Schmelze" von der Gesamtheit aller in dem Untersuchungsgebiet begangenen WED bis hinunter zur Zahl der Verurteilten, so zeichnet sich folgendes Bild: 1889 WED wurden 2009 im Untersuchungsgebiet begangen, 326 galten davon polizeilicherseits als geklärt, in 61 Fällen wurde angeklagt und in 47 schließlich verurteilt (Abb. 54).

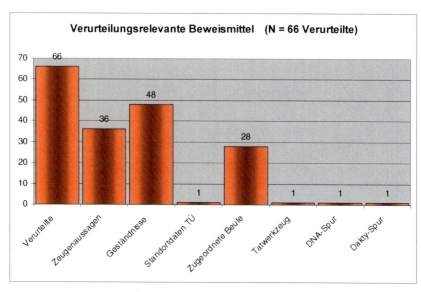

Abb. 53 (Quelle: Eigene Erhebung; die Summe der Beweismittel ist höher als die der Verurteilungen, da bei den meisten Verurteilungen mehr als ein Beweismittel zum Tragen
kam)

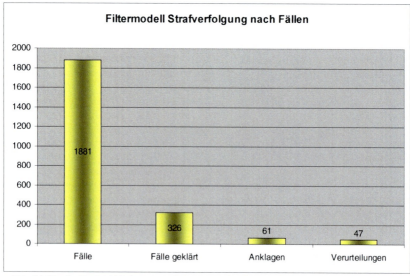

Abb. 54 (Quelle: Eigene Erhebung; aus Gründen der Vergleichbarkeit wurden die 2., 3. und 4.
Säule von den 303 untersuchten auf den Gesamtbestand der 326 polizeilich geklärten
Fälle hochgerechnet; auch die beiden rechten Säulen zeigen Fälle – mit Anklagen und
Verurteilungen – und nicht angeklagte und verurteilte Personen)

Die durchschnittliche Dauer von Freiheitsstrafen bei WED betrug pro Fall 3,9 Monate, wobei bei Strafen, die nicht zur Bewährung verhängt wurden, die Dauer mit 4,5 Monaten deutlich höher war als bei den Bewährungsstrafen mit durchschnittlich 3,5 Monaten (Abb. 55).

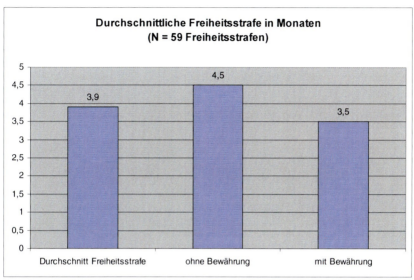

Abb. 55 (Quelle: Eigene Erhebung)

Mit Blick auf den Zusammenhang zwischen Festnahmen und Verurteilungen wurde festgestellt, dass die Festnahmen auf frischer Tat am verurteilungssichersten waren und TV, die noch am TO festgenommen wurden, zu 60 % später auch verurteilt wurden. Bei den TV, die im Rahmen von Tatortbereichsfahndungen festgenommen wurden, betrug die Verurteilungsquote nur noch 38 % und bei den sonstigen Fällen lediglich 29 % (Abb. 56).

Eine erweiterte Ausleuchtung des Sachverhaltes schien in den Gerichtsverhandlungen trotz etlicher ungeklärter Details in vielen Fällen nicht stattgefunden zu haben. Zwar legten einige TV, die bei der Polizei die Tat geleugnet hatten, vor Gericht Geständnisse ab. Diese mögen sich aber – wie in der Gerichtspraxis nicht selten - auf eine einfache, unkommentierte Bestätigung des Tatvorwurfes beschränkt haben. So fiel etwa auf, dass aus keiner Gerichtsverhandlung ein neues Verfahren gegen Hehler erwuchs, obwohl die Tatbeute in den meisten Fällen auch bis zum Abschluss der polizeilichen Ermittlungen verschwunden geblieben war und hier noch Klärungsbedarf bestanden hätte. Auch scheint bemerkenswert, dass nicht in einem einzigen Fall eine Auflage zur Schadenswiedergutmachung zugunsten der Tatopfer verhängt worden war. Dies wäre etwa als Bewährungsauflage infrage gekommen. Der Aspekt der

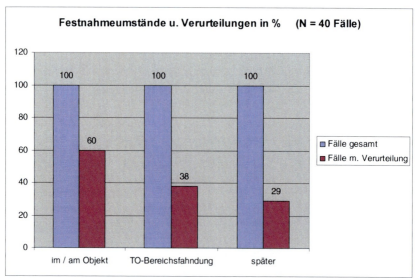

Abb. 56 (Quelle: Eigene Erhebung)

der Opferentschädigung stand bei den Verhandlungen vor Gericht offensichtlich völlig im Hintergrund. Auch gab es keinen Fall, in dem auf Nebenfolgen erkannt wurde.

3.7 Weitere Aspekte

Forschung und Praxis

Die so genannten Einsatzreaktionszeiten, also die Zeit, die die Polizei zwischen der Kenntnisnahme vom Einbruch bis zum Eintreffen am Tatort benötigt, betrug in der Heidelberger Untersuchung in gut 70 % der Fälle 30 Minuten oder weniger. Lediglich in knapp 4 % der Fälle traf die Polizei erst nach über einer Stunde am Tatort ein.[317] Hinsichtlich der Fallfilterung durch die Verfolgungsinstanzen hindurch ergibt sich in der Untersuchung von Wernitznig zu jugendlichen Einbrechern folgendes Bild: 203 Einbrüche – 116 Anklagen – 115 Hauptverhandlungen – 92 Verurteilungen – 42 Jugendstrafen bzw. Freiheitsstrafen.[318]

Die Ruhrgebiets-Untersuchung

Im Rahmen der Ruhrgebiets-Untersuchung wurde noch eine Reihe weiterer Aspekte untersucht, deren Darstellung allerdings den Rahmen dieser Arbeit sprengen würde. Einiges hier in Kürze. *Verfahrensdauer:* Die hier analysierten

---

[317] Bödiker, S. 75 f.
[318] Wernitznig, S. 31

Verfahren wurde im Durchschnitt erstmalig nach 62 Tagen von der Polizei an die Staatsanwaltschaft abgegeben. Durchschnittlich 131 Tage vergingen seit der Tat bis die Staatsanwaltschaft die Verfahren einstellte oder Anklage erhob.[319] Die durchschnittliche Dauer von der Tatbegehung bis zur Aburteilung der TV betrug 426 Tage (Abb. 57). Stark nach oben verzerrend wirkte dabei allerdings eine Tatserie, bei der der TV erst rund drei Jahre nach seinen Taten überführt wurde. Rechnet man diese Fälle heraus, so fanden die Hauptverhandlungen durchschnittlich 197 Tage nach Tatbegehung statt (Abb. 58). Die Dauer der *Untersuchungshaft* lag in den Fällen, in denen sie sich sicher bestimmen ließ, für die TV im Schnitt bei 89 Tagen. 110 TV nahmen im Laufe des Verfahrens einen *Verteidiger* in Anspruch, 321[320] verzichteten darauf. Die *Ausfallquote bei Vorladungen* von Verfahrensbeteiligten lag bei 24 % Abb. 59). Bemerkenswert erscheint, dass sich darunter ein nicht unerheblicher Anteil an Tatopfern befand, die die Polizei nach Anzeigenerstattung nicht mehr mit Auskünften unterstützten. Ob hier Bequemlichkeit, unangenehme Kontakte mit der Polizei oder etwa ein Motivationsschwund nach Schadensbegleichung durch die Versicherungen eine Rolle spielte, war den Akten nicht zu entnehmen.

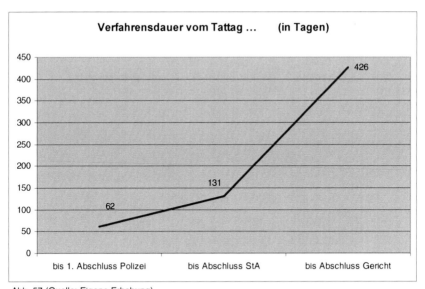

Abb. 57 (Quelle: Eigene Erhebung)

---

[319] In die Berechnung gingen nur 247 Fälle ein. In den anderen Fällen gab es auf den Einstellungs-
verfügungen keine Datumsangabe
[320] Mehrfachtäterzählung

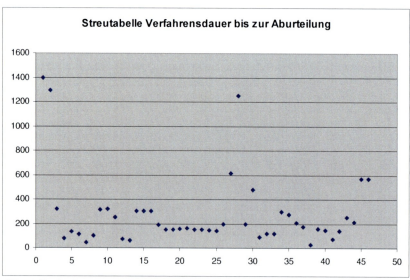

Abb. 58 (Quelle: Eigene Erhebung)

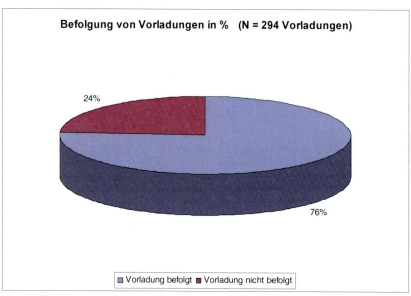

Abb. 59 (Quelle: Eigene Erhebung)

3.8 Behördenkonzepte zur Bekämpfung des Wohnungseinbruchs

Die Arbeit der kriminalpolizeilichen Sachbearbeiter für sich alleine wird oft nur wenig bewirken, wenn es in der Kreispolizeibehörde kein umfassendes Bekämpfungskonzept gibt, in dem die Zusammenarbeit mehrerer Organisationseinheiten koordiniert wird und eine Aufbau- und Ablauforganisation für die Arbeit gegen den Wohnungseinbruch festgelegt ist. Mit einem rein reaktiven Abarbeiten der eingehenden Anzeigen werden in der Einbruchsbekämpfung zumeist keine Berge versetzt, auch wenn engagierte und ideenreiche Sachbearbeiter für eine erfolgreiche Deliktsbekämpfung Grundbedingung sind.

Mittlerweile sind unter dem Druck der politischen und öffentlichen Erwartungen an die Polizei zum Wohnungseinbruch in einer ganzen Reihe von Polizeibehörden Konzepte zur Bekämpfung des Wohnungseinbruchs entwickelt worden. Aber auch die Entdeckung, dass Einbruchsbekämpfung nicht Sache eines Fachkommissariates, sondern eine Behördenaufgabe ist, an der gleich mehrere Organisationseinheiten mitwirken müssen, haben die Dinge in diese Richtung getrieben. Neuere Grundlage solcher Konzepte sind ein Erlass des MIK NRW v. 4.2.11 und die Kampagne „Riegel vor", in der die nordrhein-westfälische Polizei dem Wohnungseinbruch mit starker Hinwendung zur Bevölkerung den Kampf ansagt.

Ohne die Konzepte einzelner Behörden öffentlich zu machen – was auch letztlich weder von den Polizeibehörden, noch von den Innenministerien erwünscht sein dürfte – sollen hier eine Grundelemente vorgestellt werden, die sich in einer Mehrzahl von Konzepten wiederfinden.

Alle vom Verfasser eingesehenen Konzepte enthielten Lagebeschreibung und eine Problemanalyse, anhand derer herausgestellt wurde, ob und inwieweit der Wohnungseinbruch in den betroffenen Behörden ein Problem darstellt. Auf diese Analysen soll hier nicht weiter eingegangen werden, da der Zweck eines überschaubaren Praktikerhandbuches eher in einer Maßnahmenbeschreibung liegen dürfte: Was ist zu tun, wenn der Wohnungseinbruch als bedeutendes Sicherheitsproblem identifiziert ist? Weitere wichtige Überlegungen richteten sich nach dem Erkennen des Problems „Wohnungseinbruch" auf die Ziele, die zur Bekämpfung des Delikts zu erreichen waren. Die Hauptziele waren dabei vor allem:

- Die Senkung der Fallzahlen
- Die Erhöhung des Versuchsanteils an den Gesamtfällen
- die Erhöhung der Aufklärungsquote

Grundlegende Bündelungen notwendiger Maßnahmen lagen auf den Sektoren der Prävention und der Repression.

Während bei den präventiven Maßnahmen grundsätzlich *technische* (Einbau von Sicherungstechnik, Außenbeleuchtungen etc.) und *verhaltensbezogene* (Lichtanlassen bei Verlassen des Hauses, Leerung des Briefkastens während der Urlaubsabwesenheit) unterschieden wurden, gab es bei den repressiven Maßnahmen gleich mehrere Gruppen mit einer Vielzahl von Einzelmaßnahmen:

Informationssammlung und -austausch

- Sammeln von Beobachtungs- und Feststellungsberichten unterschiedlicher Organisationseinheiten
- Erkenntnisgewinnung durch VP-Führung
- Sammeln von Hinweisen aus der Bevölkerung
- Analyse unterschiedlicher polizeilicher Datensysteme auf relevante Erkenntnisse
- Sammeln lagerelevanter Daten aus PKS und sonstigen Datensystemen der Polizei
- Erstellung spezieller, teilweise auch tagesaktueller Lagebilder, mit denen die Kräfte der Kreispolizeibehörde über die Situation im Bereich des Wohnungseinbruchs informiert werden
- Austausch mit benachbarten Kreispolizeibehörden zur Bekämpfung Stadtgrenzen überschreitender Tätergruppen, aber auch mit Bundespolizei, Ausländeramt etc.
- Absprache mit Staatsanwaltschaft und Gericht zur Schärfung des Problembewusstseins und zur Behebung von Schnittstellenproblemen. Wichtig sind vor allem Absprachen, durch die bestimmte Arbeitsprozesse wie die Erwirkung von Durchsuchungs- oder TÜ-Beschlüssen beschleunigt werden, weil ein verschlepptes Agieren oft der Tod des Maßnahmenerfolges ist. Auch sollten auf allen beteiligten Seiten Ansprechpartner benannt werden, um in Eilfällen Entscheidungsträger zu erreichen, die im Thema stehen.
- Kontaktaufnahme mit Betrieben mit außergewöhnlicher Präsenz im öffentlichen Raum (Security-Firmen; Taxi- und Mietwagenunternehmen; Betriebe des ÖPNV) mit der Bitte um verstärkte Hinweise bei verdächtigen Beobachtungen an die Polizei
- Kontakt mit Betrieben und Einrichtungen, die eine Unterstützung bei der Verbreitung einbruchspräventiver Inhalte bieten könnten (Wohnungsgenossenschaften; Haus und Grund; Mietervereine etc.)

Einsatz operativer Kräfte

- Spezielle ET-Kräfte für Observationen und Festnahmen
- Einsatz von Hundertschaftskräften für Brennpunktstreifen und Kontrollen mit überwiegend verdrängender Ausrichtung. Dieser Aspekt sollte in seiner Wirkung aber nicht überschätzt werden. Nach einem Nachlassen der Aktivitäten erreichen die Einbruchszahlen oft sehr schnell wieder den alten Stand oder übertreffen ihn sogar. Deshalb bringt hier nur Nachhaltigkeit weiter.
- Verstärkter Einsatz von Fährtenhunden nach Einbrüchen zur Verfolgung der Fluchtwege von Tätern und möglichen Beuteablagen

Störung von Absatzmärkten der Einbrecher

- Kontrollen von Kriminellentreffpunkten und Umschlagplätzen von Diebesgut
- Sachfahndungsstreifen in An- und Verkaufsgeschäften und Pfandhäusern
- Recherchen in Internet-Verkaufsforen
-

Öffentlichkeitsarbeit

- Presseveröffentlichungen zu aktuellen Fällen mit der Intention, sachdienliche Hinweise aus der Bevölkerung zu erzielen
- Presseveröffentlichungen mit dem Hinweis an die Bürger, dass Wertsachen fotografiert, dokumentiert und Individualkennzeichen notiert werden sollten oder eigenständig Markierungen (z. B. durch Gravuren) angebracht werden können
- Pressemitteilungen zu Erfolgsfällen zur Erhöhung des Sicherheitsgefühls in der Bevölkerung und zur Positivdarstellung der Polizei
- Darstellung des Themas Wohnungseinbruch auf der Internetseite der Behörde
- Einzelfallbezogene Handzettelaktionen an Deliktsbrennpunkten mit der Intention eigener Informationsgewinnung
- Aktionstage „Wohnungseinbruch" in Einkaufs- und Stadtteilzentren

Ausbildung und Ausrüstung

- Behördeninterne Ausbildungen für Sachbearbeiter, Kräfte des Wach- und Wechseldienstes, der Kriminalwache, der Spurensicherung, der ET, der Diensthundeführer etc.
- Abordnung von Kräften zu Seminaren zentraler Ausbildungsstellen
- Logistische Verstärkung der an der Einbruchsbekämpfung beteiligten Kräfte (Fahrzeuge, Funktechnik, Ferngläser, PC)

Sonstige operative und Sachbearbeitungsmaßnahmen

- Optimierung von Standards der Anzeigenaufnahme
- Gestellung von Spät- und Wochenenddiensten des Fachkommissariates in Präsenz oder in Rufbereitschaft
- Begleitung operativer Kräfte durch mindestens einen Beamten der Fachdienststelle
- Einrichten und Bekanntmachen einer Einbruchshotline für Bürger und Polizeikräfte
- Erhöhte Opfernachbetreuung, etwa durch Bezirksdienstbeamte
- Verstärkung der Bemühungen, in der unmittelbaren Umgebung von Tatorten durch sehr zeitnahe Befragungen von Nachbarn Informationen zu gewinnen

- Verpflichtung der Sachbearbeitung, mindestens in jedem vollendeten Fall mit den Geschädigten Kontakt aufzunehmen
- Verstärkung der erkennungsdienstlichen Behandlungen von Tatverdächtigen bei Wohnungseinbrüchen
- Beschleunigung der Ausschreibung sachfahndungsfähiger Gegenstände
- Hinweise an die Melder von Wohnungseinbrüchen, vor Eintreffen der ersten Polizeikräfte Spuren schonend zu verfahren
- Verstärkte Hinweise von Opfern und Zeugen auf die Angebote der Kriminalpolizeilichen Beratungsstellen
- Gefährderansprachen bei ortsansässigen Tatverdächtigen
- Einsatz von Regierungsbeschäftigten zur Entlastung der Ermittlungsbeamten von Verwaltungs- und Datenerfassungstätigkeiten

Controlling der Maßnahmen

- Wie entwickeln sich die Fallzahlen, wie die Aufklärungsquoten nach bestimmten Maßnahmen?
- Wurden mehr erkennungsdienstliche Behandlungen durchgeführt?
- Konnte die Zahl der Spurensicherungen erhöht werden?
- Konnte die Zahl der gesicherten Spuren erhöht werden?
- Konnten mehr Festnahmen von Wohnungseinbrechern auf frischer Tat bewirkt werden?
- Wurde das Hinweisaufkommen aus der Bevölkerung verstärkt?

So gut diese Ideen auch sind, so sei doch auch hier darauf hingewiesen, dass viele Einbruchsbekämpfungsprogramme in der Praxis äußerst schnell von der Realität eingeholt werden und die meisten Projekte vor allem an personelle Grenzen stoßen, da der Wohnungseinbruch bei aller Bedeutung nun einmal nicht das einzige Arbeitsfeld der Polizei ist. So „ertrinken" vielfach Sachbearbeiter in Stoßzeiten in kaum beherrschbaren Vorgangsstapeln und unterlassen in „Notwehr" jede nicht zwingend notwendige Maßnahme. Polizeihundertschaften, die für eine verstärkte sichtbare Präsenz eingesetzt werden sollen, stehen plötzlich aufgrund eiliger Einsätze nicht mehr zur Verfügung und zivile Einsatztrupps sind durch Erkrankungen, Urlaube, Beschulungen und Abordnungen in der Ist-Stärke deutlich schwächer als man gehofft hatte. Sicherlich wird daher vielerorts schon Grund zur Freude sein, wenn nur ein Bruchteil der oben dargestellten möglichen Maßnahmen konsequent und nachhaltig umgesetzt wird.

Da die einzelnen Behördenkonzepte im Detail eher ein Geheimbestand sind, findet sich nur wenig offizielles Material dazu. Zu einigen Konzepten, die vor allem auf sichtbare Polizeipräsenz und Verdrängung der Täter gesetzt haben, gibt es etwas veröffentlichte Literatur. So soll ein Konzept erheblich verstärkter Polizeikontrollen mit massenhaften Überprüfungen von Fahrzeugführern in den Jahren 1996 und 1997 im Main-Taunus-Kreis für einen Rückgang der WED-

Zahlen von jeweils 1300 auf 900 im Jahr 1998 geführt haben.[321] Reuter stellt zu einem ähnlichen Vorgehen in einer Landkreisbehörde fest, dass die Einbrüche dort in den Wochen solcher Kontrollen regelmäßig zwar geringfügig nachließen, dafür in den Folgewochen, in denen keine Kontrollen stattfanden, aber jeweils das Niveau der Wochen vor den Kontrollen sogar überstiegen. Es mangelt der Wahrnehmbarkeit polizeilicher Präsenz also an Nachhaltigkeit.[322]

4. Zusammenfassung und Ausblick

Zahlreiche phänomenologische Gesichtspunkte des WED sind bereits erforscht. Insbesondere Aspekte mit kriminalpräventivem Nutzen sind beliebter Gegenstand inner- wie außerpolizeilicher Forschung. Dabei geht es regelmäßig um die Frage, welche Möglichkeiten sich bieten, den Tätern den Zugang zum Objekt zu erschweren. Die vorliegende Arbeit wollte diesem durchaus nützlichen Trend zur Präventionsforschung zugunsten eines darüber hinaus gehenden Erkenntnisgewinnes nicht folgen. Untersucht wurde daher etwa der von der PKS wie auch von anderen Quellen unberücksichtigte Aspekt, inwieweit Täter-Opfer-Beziehungen beim WED eine Rolle spielen. Dabei wurde ein hoher Anteil von Täter-Opfer-Beziehungen an polizeilich geklärten Fällen festgestellt. Praxisrelevant konnte aber auch festgestellt werden, dass offensichtlich eine spezielle Begehungsform des Objektzutrittes, das werkzeugfreie, mit stumpfer und roher Gewalt durchgeführte Eindringen in hohem Maße bei Fällen mit Täter-Opfer-Beziehungen vorkommt. Für die Praxis lässt sich hieraus ableiten, dass in diesen Fällen die Opfer besonders nachdrücklich zu einem möglichen Tatverdacht zu befragen sind, der häufig bei der Anzeigenerstattung aus falscher Sorge vor „Gegenanzeigen" verschwiegen wird. Hinsichtlich der Daten, die die PKS zur Phänomenologie des WED erhebt, sei hier eine Warnung vor teilweiser Unbrauchbarkeit dieser Daten ausgesprochen. So werden in der Praxis etwa Informationen zum ausländerrechtlichen Status oder zum Wohnsitz des Verdächtigen sehr unzuverlässig erhoben. Viele dieser Aspekte, die bei der statistischen Erfassung der „realen" Fälle ein Pflichtprogramm sind, werden willkürlich oder aufgrund von Vermutungen in die Statistik eingespeist, da ihre Überprüfung oft mehr Arbeit mit sich bringen würde als die eigentlichen Ermittlungen im Kriminalfall. Eine Nutzung dieser Daten kann daher regelmäßig nur zu Fehlschlüssen führen. Die hier ausgewertete in- und ausländische Forschung zur Phänomenologie hingegen hält eine Reihe von Informationen bereit, die für den Praktiker von großem Nutzen sind und von ihm nur „aufgelesen" werden müssen. So ist etwa die Erkenntnis, dass zahlreiche Täter sich nach der Tat in Objektnähe zunächst der Beute und ihrer Werkzeuge in Depots entledigen, von Wert, weil sie etwa die Chance bieten, durch den Einsatz von Fährtenhunden in Tatortnähe potentielle Spurenträger zu finden, die von der Polizei ausgewertet werden können. Auch wird den Opfern eine schnelle Chance auf Rückerhalt ihrer Wertsachen geboten. Und die Feststellung, dass mehr als die Hälfte der Täter mit einem Fahrzeug zum Tatort

---

[321] Lahr, S. 14
[322] Reuter, S. 418

anreist, eröffnet in den Fällen, in denen ein Täter überstürzt vom TO flüchten muss und nicht sofort gezielt zu seinem Fahrzeug zurückgelangen kann, für die Polizei die Chance, in Tatortnähe Fahrzeugkennzeichen zu notieren und auszuwerten. Aus den betrachteten Studien bietet sich viel praxistaugliches Wissen. Es bedarf nur einer gewissen Phantasie und Überlegung, aus diesen Erkenntnissen für die Praxis Kapital zu schlagen.

Eine maßgebliche Erkenntnis dieser Arbeit war, dass die Schere zwischen dem, was der Allgemeinheit alljährlich als Tataufklärung bei WED in den Medien dargestellt wird und die Alltagsvorstellung von aufgeklärten WED erheblich auseinander klafft. Während der Gesetzgeber einen einfachen, nicht zwingend bewiesenen Tatverdacht genügen lässt, um eine Tat als geklärt zu führen, verlangte die Mehrheit der für diese Arbeit Befragten, dass TV mindestens vor Gericht gestellt oder sogar vom Gericht verurteilt sein müssten, damit man einem Ermittlungsverfahren das Prädikat „geklärt" verleihen darf. Damit unterbieten weit mehr als 80 % aller polizeilich als geklärt deklarierten WED die Mindestanforderungen, die die Bevölkerung an eine Tatklärung hat. Durch die Aktenanalyse der Ruhrgebiets-Studie konnte zudem auch belegt werden, dass die Ermittlungsansätze bei WED nicht strömen, sondern sich eher als eine Vielzahl spärlicher Rinnsale darstellen, aus denen sich die - an der Gesamtkriminalität gemessen - geringen Aufklärungsquoten speisen. Insbesondere die Fingerspur, ein in der Öffentlichkeit vielfach als Zugpferd der WED-Aufklärung wahrgenommener Ermittlungsansatz, hat sich als nahezu bedeutungslos erwiesen. Sowohl die daktyloskopischen wie auch die DNA-Spuren kamen in eher geringer Zahl bei den Spurensicherungen auf und fielen bei den Verurteilungen zahlenmäßig kaum ins Gewicht. Auch Maßnahmen-Klassiker wie die Wahllichtbildvorlage nach Beobachtung von Tätern durch Zeugen oder die wenigen Ermittlungen auf dem Sektor der Telekommunikationsüberwachung trieben die Tataufklärungen nicht merklich in die Höhe. Als weitgehend verurteilungsfest erwiesen sich hingegen die Fälle, in denen Täter durch operative Polizeikräfte auf der Straße auf frischer Tat festgenommen werden konnten sowie Geständnisse, die häufig genug in Verurteilungen mündeten. Während Ersteres die Wichtigkeit einer hohen Polizeidichte auf der Straße unterstrich, zeigte Letzteres die Notwendigkeit einer guten Vernehmungsvorbereitung an. Überhaupt erwies sich der Personalbeweis, anders als der Sachbeweis, als die tragende Säule derjenigen Fälle, die letztlich zur Verurteilung gelangten. Damit unterstreichen sich sowohl die Wichtigkeit, die das Opfer als Hauptinformationsgeber in den meisten Fällen hat wie auch die Bedeutung von Zeugen. Während vom Opfer häufig bei intensiver Nachfrage Hinweise auf Verdächtige aus dem eigenen Umfeld zu erlangen sind, spielen Zeugen oft als Tatbeobachtende eine maßgebliche Rolle bei den „echten" Tatklärungen. So bedarf es verstärkter Anstrengungen, ggf. auch über Maßnahmen der Öffentlichkeitsarbeit eine zahlenmäßige Erhöhung von Zeugenhinweisen herbeizuführen. Noch scheint die Öffentlichkeitsarbeit in Form von Presseveröffentlichungen und Postwurfaktionen eher unterentwickelt zu sein. Die Furcht vor Wohnungseinbrüchen ist nach den Ergebnissen der hier durchgeführten Befragung nicht dramatisch. Allerdings herrschen, dies zeigen vorherige Studien wie auch die eigene Aktenanalyse, eher irrationale Ängste vor Gewalt- und Zerstörungsorgien an Einbruchstatorten. Während die Angst vor dem gefährlich-gewalttätigen Einbrecher und auch dessen Zerstörungswut am Tatort die Phantasie vieler Menschen beflügelt und erschüttert, spielen Gewalt gegen Personen oder Sachen in der Realität fast keine Rolle und sind in ihrem seltenen Erscheinen fast immer Ausdruck vorhergehender Konflikte zwischen dem Opfer und dem aus seinem Umfeld stammenden Täter.

Aufschlussreich, wenngleich für die Polizei nicht ermutigend, war die Erledigungspraxis, die die WED-Fälle bei der Justiz mehrheitlich erfuhren. So wurden mehr als 80 % aller Fälle, die von der Polizei als geklärt eingestuft wurden, eingestellt, insbesondere wegen „mangelnden Tatnachweises". Dabei waren die Einstellungen sachgerecht, auch wenn die Staatsanwaltschaft bei Polizeipraktikern und in der Bevölkerung im Verdacht steht, mühevoll durchermittelte Fälle ohne Not einer leichtfertigen Einstellungspraxis zu unterwerfen. Dies konnte so allerdings nicht festgestellt werden. Die im Aktenbestand der Ruhrgebiets-Untersuchung festgestellten Verfahrenseinstellungen waren regelmäßig nicht zu beanstanden, da die betroffenen Fälle über kriminalistisch begründete Vermutungen der Kriminalpolizei oder jeglichen Beweises entbehrende Verdächtigungen der Opfer oft nicht hinaus kamen. Im Filtering-down-Prozess der Strafrechtspflege blieben von 1881 WED, die sich 2009 im Untersuchungsgebiet ereignet hatten, 326 (17 %), die nach den Richtlinien der Polizei als geklärt galten. Letztlich führten 61 Fälle (3 %) zu Anklagen und 47 (2 %) zu Verurteilungen[323]. Mit Blick auf die Arbeit der Gerichte erschien die Tatsache ernüchternd, dass nicht in einem einzigen Fall einer der verurteilten Täter zu einer Schadenwiedergutmachung angehalten wurde. Sicherlich wären entsprechende Anweisungen an die Angeklagten ein Signal gewesen, dass sich Verbrechen doch nicht lohnt und die Opfer wirtschaftlichen durch die Schadenverursacher in den alten Stand zu versetzten sind. Dieses Signal ist in sämtlichen Fällen ausgeblieben, so dass die zum Teil hohen Lasten der Wohnungseinbrüche durch die Versichertengemeinschaft oder durch einzelne Opfer zu tragen waren und nicht durch die Täter. Es bedarf keiner großen Phantasie, um sich vorzustellen, dass mancher Wohnungseinbruch die Opfer jahrelange Anstrengungen und Entbehrungen kostet, um die verlorenen Werte wieder zu ersetzen.

Die dem vorliegenden Buch zugrunde liegende Masterarbeit musste aus Gründen einer Beschränkung an Textmenge und Zeit eine ganze Reihe erforschenswerter Aspekte außer Betracht lassen, deren Untersuchung für die Wissenschaft wie auch für die Praxis noch deutliche Erkenntnisgewinne mit sich bringen dürfte. So dürfte es lohnen, die zahlreichen WED-Konzepte, die Land auf Land ab entwickelt werden, in ihrer Substanz und auch ihrer Wirkung unter die Lupe zu nehmen und zu prüfen, wie sie auf eine wirkliche Praxistauglichkeit zu reduzieren sind. Denn viele Konzepte scheinen daran zu leiden, dass ihre Konstrukteure der Versuchung erliegen, ein schulbuchmäßiges Gesamtpaket zu entwerfen, das an Vollständigkeit und Detailreichtum nicht zu überbieten ist.

---

[323] Da nur zu 303 der 326 polizeilich geklärten Fälle die Akten erlangt und ausgewertet werden konnten, wurden die Zahlen der Anklagen und Verurteilungen auf 326 Fälle hochgerechnet.

Die Praktiker, die damit arbeiten sollen, sind aber nicht selten damit überfordert, so dass in der Umsetzung von den Konzepten kaum noch etwas übrig bleibt. Auch die Täterforschung, allem voran die Studien, denen Täterinterviews zugrunde liegen, bei denen den Delinquenten „in den Kopf geschaut" wird, scheint erweiterungswürdig. Zwar gibt es schon eine Reihe solcher äußerst aufschlussreicher Studien. Diese enthalten aber zumeist eine eher geringe Zahl von Interviews, so dass eine Absicherung dieser Erkenntnisse durch größere Untersuchungen von Interesse scheint. Denn gerade aus den Informationen aus Tätermund lassen sich Maßnahmen für die Strafverfolgungsbehörden ableiten. Forschungsbedarf besteht auch hinsichtlich der Tatbeute. Wie lassen sich effektiv Absatzmärkte der Täter erkennen, wie lassen sich diese Märkte stören, damit der WED für die Täter uninteressanter wird? In diesem Zusammenhang scheint auch die Entwicklung eines handhabbaren Beuterecherchesystems von Interesse, denn allzu oft muss in der Praxis sichergestelltes, offensichtliches Diebesgut wieder an die TV ausgehändigt werden, weil eine Zuordnung der Wertsachen zu Tat und Opfern nicht oder nicht schnell genug möglich ist. Jedes zugeordnete Beutestück bietet ein Stück Schadenswiedergutmachung aber auch einen Ansatz zur Überführung von Einbrechern und Hehlern. Auch eine verstärkte kriminaltechnische Forschung zugunsten der im Niedergang befindlichen Spurensicherung scheint nötig. Forschung im Bereich Wohnungseinbruch wird sich auch weiterhin lohnen. Es gibt keinen Grund anzunehmen, dass das Thema an Aktualität verlieren könnte.

Methodisch stößt eine Arbeit wie die vorliegende natürlich an ihre Grenzen. So konnte aus den Gründen, die bereits im Abschnitt 2.2 genannt wurden, in der hier durchgeführten Befragung keine Repräsentativität, sondern nur ein grober Anhalt zu den erfragten Inhalten erzielt werden. Auch die Analyse der staatsanwaltschaftlichen Akten bietet nur einen Ausblick aus einem schmalen Fenster, da die Verhältnisse in Bayern oder in Mecklenburg-Vorpommern anders sein mögen als im westlichen Ruhrgebiet. Ebenso mögen die Möglichkeiten der Bekämpfung des WED in fünf oder 10 Jahren aus rechtlichen, technischen und taktischen Gründen – im Guten wie im Schlechten – andere sein als jetzt. Aber zumindest eine Orientierungsmöglichkeit und eine Grundlage für Vergleiche mit örtlich und zeitlich differenten Untersuchungen sollte diese Arbeit bieten können. Wenn sie diesen Zweck erfüllt, hat sie sich schon gelohnt.

Abkürzungsverzeichnis

AFIS	Automatisiertes Fingerabdruckidentifizierungssystem
BMI	Bundesministerium des Inneren
BMJ	Bundesministerium der Justiz
Btm	Betäubungsmittel
BtmK	Betäubungsmittelkonsument
BKA	Bundeskriminalamt
DNA	Deoxyribonucleic acid (Desoxyribonukleinsäure)
et al.	et alii (lat.: und andere)
GDV	Gesamtverband der Deutschen Versicherungswirtschaft
KPB	Kreispolizeibehörde
LKA	Landeskriminalamt
o. S.	ohne Seitenangabe
PKS	Polizeiliche Kriminalstatistik
POLAS	Polizeiauskunftssystem
PP	Polizeipräsidium
S.	Seite
SB	Sachbearbeiter
StA	Staatsanwaltschaft
StGB	Strafgesetzbuch
StPO	Strafprozessordnung
TKG	Telekommunikationsgesetz
TO	Tatort
TOB	Täter-Opfer-Beziehung
TV	Tatverdächtiger
TWE	Tageswohnungseinbruch
u. a.	unter anderem
u. U.	unter Umständen
WED	Wohnungseinbruchsdiebstahl

Literaturverzeichnis

Artkämper, Heiko
Qualitätsstandards bei Lichtbildvorlagen und Identifizierungsgegenüberstellungen, in: Die Kriminalpolizei 6 / 2009, S. 21 – 25

Atteslander, Peter
Methoden der empirischen Sozialforschung, 12. Aufl., Berlin 2008

Behrendt, Rolf
Qualitätsoffensive in der Kriminalitätsbekämpfung, in: Kriminalistik 7 / 2006, S. 452 – 461

Bödiker, Marilena / Siegeler, Julia
Wohnungseinbruch in Heidelberg. Diplom- und Masterarbeit, Universität Heidelberg (Hrsg.), Heidelberg 2009

Bräutigam, Sandra / Obermann, Kai / Schmitz, Kerstin
Eine Ausarbeitung über den Wohnungseinbruchsdiebstahl & Untersuchung „Die kriminalpolizeiliche Beratung auf dem Prüfstand", in: Polizeiwissenschaftliche Analysen, Bd. 7, Preisträger des Fachbereichs Polizei der Heinrich-Mörtl-Stiftung, S. 97 – 189, Heinrich Mörtl (Hrsg.), Frankfurt 2006

Bülles, Egbert
Verhältnis der Staatsanwaltschaft (StA) zur Polizei und ihre Zusammenarbeit, in: Der Kriminalist 12 / 2005, S. 493 – 498

Bundeskriminalamt (Hrsg.)
Polizeiliche Kriminalstatistik 2009 – Bundesrepublik Deutschland, Wiesbaden 2010

Bundeskriminalamt (Hrsg.)
Polizeiliche Kriminalstatistik 2010 – Bundesrepublik Deutschland, Wiesbaden 2011

Bundeskriminalamt (Hrsg.)
Pressemitteilung zur Polizeilichen Kriminalstatistik 2011, in: Internet: http://www. bmi.bund.de/ShareDocs/Pressemitteilungen/DE/2012/mitMarginalspalte/05/pks. html, zuletzt aufgerufen am 17.5.12

Bundesministerium des Inneren / Bundesministerium der Justiz (Hrsg.)
Zweiter Periodischer Sicherheitsbericht, Berlin 2006

Clas, Holger
Identifizierung von Ohrabdruckspuren, in: Kriminalistik 3 / 2011, S. 176 - 179

Deegener, Günther
Psychische Folgenschäden nach Wohnungseinbruch – Erfahrungen von Opfern nach Wohnungseinbruchsdiebstahl und Raubüberfall, Mainzer Schriften, Weißer Ring (Hrsg.), 1. Aufl., Mainz 2000

Deusinger, Ingrid M.
Der Einbrecher, Göttingen 1993

Deutsches Forum für Kriminalprävention (Hrsg.)
Wirksamkeit technischer Einbruchsprävention bei Wohn- und Geschäfts-
objekten - Eine Untersuchung unter besonderer Berücksichtigung von
aktuellem Täterwissen, Kurzfassung des Projektberichtes, Bonn 2004

Diekmann, Andreas
Empirische Sozialforschung – Grundlagen Methoden Anwendungen, 4. Aufl.,
Hamburg 2010

Dvorsek, Anton / Mayer, Darko / Mesko, Gorazd
Umgang mit Geschädigten bei Eigentumsdelikten – Freundlichkeit statt Leis-
tung?, in: Kriminalistik 10 / 2007, S. 624 – 633

Eisenberg, Ulrich.
Kriminologie, 5. Aufl., München 2000

Feltes, Thomas / Klukkert, Astrid
Einbrüche aus Tätersicht, in: Der Kriminalist 02 / 2007, S. 82 - 86

Feltes, Thomas
Aussagewert der polizeilichen Aufklärungsquote, in: Kriminalistik 1 / 2009, S.
36 – 41

Feltes, Thomas (Hrsg.)
Spurensicherung der Polizei bei Einbruchsdiebstählen meist sinnlos?
Internet: Polizei-Newsletter Nr. 137, Januar 2011, http://www.polizeinews
letter.de/newsletter_german.php?N_YEAR=2011&N_NUMBER=137, zuletzt
eingesehen am 6.12.11

Fischer, Gerhard / Köhler, Horst
Wohnungseinbrüche in Köln – Kölner Studie 2001, in: Der Kriminalist 1 /
2003, S. 3 – 9

Geipel, Andreas
Die (wiederholte) Wiedererkennung anhand eines Lichtbildes, in: DAR-
Service, 8 / 2005, S. 476 – 478

Gesamtverband der Deutschen Versicherungswirtschaft e. V.
Jahrbuch 2010 – Die deutsche Versicherungswirtschaft, Berlin 2010

Göth, Manfred
Überwindung eines geschlossenen Fensters ohne sichtbare Spuren, in:
Polizei heute, 4 / 03, S. 134 – 136

Groß, Hans / Geerds, Friedrich.
Handbuch der Kriminalistik – Wissenschaft und Praxis der Verbrechensbekämpfung, 10. Aufl., Berlin 1978

Heimbach, Karsten
Homejacking – einbedrohliches Kriminalitätsphänomen?, in: Der Kriminalist,
9 / 02, S. 338 - 342

Henrichs, Axel / Wilhelm, Jörg
Funkzellenauswertung - Rechtliche und taktische Aspekte der telekommunikativen Spurensuche, in: Die Kriminalpolizei 1 / 2010, S. 26 – 28

Hermanutz, Max
Die Angst im Nacken – Psychische Folgen für die Opfer von Wohnungseinbrüchen, in: W & S, 8 – 9 / 1999, S. 44 – 45

Hermanutz / Max / Litzcke, Sven
Vernehmung in Theorie und Praxis, 2. Aufl., Stuttgart, München, Hannover, Berlin,
Weimar, Dresden 2009

Home Office (Hrsg.)
Home Office Statistical Bulletin - Crime in England and Wales 2009 / 10,
London 2010

Hundt, Klaus-Dieter
Organisierter Bandendiebstahl vietnamesischer Wohnungseinbrecher. Nur
ein Berliner Problem?, in: die Kriminalpolizei, Heft 4 / 2003, S. 199 – 122

ImmoblienScout24 (Hrsg.)
„Herbstzeit – Einbruchszeit?", Düsseldorf, Hamburg, Lengerich, Zürich 2011

Jehle, Jörg-Martin / Albrecht, Hans-Jörg / Hohmann-Fricke, Sabine / Tetal, Carina
Legalbewährung nach strafrechtlichen Sanktionen – eine bundesweite Rückfall-
untersuchung 2004 – 2007, Bundesministerium der Justiz (Hrsg.), Berlin 2010

Johnson, Shane D., / Bowers, Kate
The stability of space-time clusters of burglary. in: The British Journal of
Criminology (2004) 55, S. 55 – 65

Kawelovski, Frank
"Achtung! Hier Gruga an alle!" – Die Geschichte der Essener Polizei,
Mülheim an der Ruhr 2009

Kober, Marcus
Neue Wege in der Beratung – Die Polizei Münster kooperiert bei der Vorbeu-
gung mit Partnern, in: W & S 10 / 2005, S. 42 – 43

Kohl, Andreas
„Veilig Wonen" – eine Idee macht Schule, in: Kriminalistik 11 / 2000, S. 752 –
756

Kohl, Andreas
Aktuelle Trends der Prävention von Einbruchsdiebstahl in Deutschland und
den Niederlanden (Teil 1), in: Polizeispiegel 05 / 01, S. 113 - 116

Kohl, Andreas.
Aktuelle Trends der Prävention von Einbruchsdiebstahl in Deutschland und
den Niederlanden (Teil 2), in: Polizeispiegel 06 / 01, S. 139 - 145

Krainz, Klaus W.
Wohnhauseinbrüche, Berichte des Kriminalistischen Instituts – Zusammen-
gefasste Ergebnisse aus zwei Täterbefragungen, Bundeskriminalamt (Hrsg.),
Wiesbaden 1990

Kriminalmuseum Rothenburg (Hrsg.)
Justiz in alter Zeit, Rothenburg o. d. T. 1989

Kudlacek, Dominic / Feltes, Thomas
Das (beabsichtigte) Missverständnis, in: Der Kriminalist 2 / 2010, S. 20 – 24

Kunz, Karl-Ludwig
Kriminologie, 4. Aufl., Bern Stuttgart Wien 2004

Landeskriminalamt Nordrhein-Westfalen
Alters- und Größenschätzungen durch Tatzeugen, Düsseldorf 2011

Lexetius.com (Hrsg.)
Alte Fassung § 243 StGB bis 1998, in: Internet   http://lexetius.com/StGB/243
#2, zuletzt eingesehen am 6.12.11

Maier, Kurt
Spiegelt die Polizeiliche Kriminalstatistik das tatsächliche Kriminalitätsgeschehen wider?, in: Der Kriminalist, 12 / 2003, S. 467 – 469

Meyr, Jürgen
Durch Sicherheitstechnik verhinderte Einbrüche in Bayern im Jahr 2005, in:
Forum Kriminalprävention, 3 / 2006, S. 7 – 10

Meyr, Jürgen
Wohnungseinbruch in München – Eine Auswertung der Täterarbeitsweisen
im Jahr 2004 im Vergleich zu 1999, in: Kriminalistik 2 / 2006, S. 118 – 120

Meyr, Jürgen
Überwindung von Schließzylindern in München, in: Kriminalistik 5 / 2006, S.
309 - 310

Montoya, Lorena / Ongena, Yfke / Junger, Marianne
Der Einfluss von Bebauung und Nachbarschaft auf das Einbruchsrisiko, in: Polizei
und Wissenschaft, 3 / 2011, S. 41 - 57

Müller-Monning, Tobias
Brechen und Knacken – Zur Soziologie des Einbruchsdiebstahls aus der
Sicht der Einbrecher, Gießen 2002

Plach, Michael
Prävention zahlt sich aus – Home-Security-Erfahrungen polizeilicher Beratungsstellen, in: W & S 11 – 12 / 02, S. 38 – 40

Polizei Köln (Hrsg.)
„Kölner Studie 2006" – Modus operandi beim Wohnungseinbruch, Köln 2007

Rehm, Jürgen / Servay, Wolfgang
Wohnungseinbruch aus Sicht der Täter, Wiesbaden 1989

Reuter, Manfred
Zeigt Polizeiarbeit Wirkung? – Untersuchung einer Einsatzkonzeption zur Bekämpfung von Tageswohnungseinbrüchen (TWE), in: Kriminalistik 7 / 2008, S. 417 - 421

Riegler, Verena
Vergessen oder besser werden? – Veränderungen in Personenbeschreibungen über die Zeit und deren Zusammenhang mit Identifizierungsleistungen, Dissertation, Universität Wien, Wien 2009

R + V Versicherung (Hrsg.)
Die Ängste der Deutschen 2011, in: Internet: http://www.ruv.de/de/presse/r_v _Infocenter/studien/aengste-der-deutschen.jsp, zuletzt eingesehen am am 14.10.11

Schairer, Martin / Schöb, Anke / Schwarze, Thomas.
Öffentliche Sicherheit in Stuttgart, in: Kriminalistik 12 / 2010, S. 705 – 718

Schleimer, Paul / Schröder, Detlef
Gemeinsam gegen den Wohnungseinbruch - Kooperation der Polizei Dortmund mit der Arbeitsgemeinschaft der Wohnungsunternehmen, in: Forum Kriminalprävention 1 / 2004, S. 13 – 15

Schmelz, Gerhard
Der Wohnungseinbruch aus Opfersicht, Projektstudie der Verwaltungsfachhochschule Wiesbaden – Fachbereich Polizei, Wiesbaden 2000

Schnell, Rainer / Hill, Paul B. / Esser, Elke.
Methoden der empirischen Sozialforschung, 8. Aufl., München 2008

Schubert-Lustig, Susanne
Wohnungseinbruch – Folgen für die Betroffenen, in: Polizei & Wissenschaft, 3 / 2011, S. 9 – 22

Schulz, Thomas / Bodamer, Lisa / Schmidt, Katrin
Ist die sequentielle Gegenüberstellung der simultanen überlegen?, in: Schriftenreihe Polizei & Wissenschaft, Bd. 1, S. 305 – 324

Schwarz, Lothar / Beisel, Maik
Erster Ringversuch zur Sicherung latenter daktyloskopischer Spuren mit reproduzierbaren Spurenträgern, in: Kriminalistik 8 – 9 / 2008, S. 500 – 505

Schwindt, Hans-Dieter
Kriminologie – Eine praxisorientierte Einführung mit Beispielen, 21. Aufl., Heidelberg, München, Landsberg, Frechen, Hamburg 2011

Stieber, Wilhelm
Practisches Lehrbuch der Criminal-Polizei, Berlin 1860

Tseloni, Andromachi / Wittebrood, Karin / Farrell, Graham, Pease, Ken
Burglary victimization in England and Wales, the United States and the Netherlands, in: British Journal of Criminology (2004) 44, S. 66 – 91

Verlag Deutsche Polizei (Hrsg.)
Polizei-Fachhandbuch, i. d. F. von Dezember 2011, Hilden 2011

Von Schemm, Katja / Kraus, Uta / Köhnken, Günter
Tatverdächtigenidentifizierung im Altersvergleich, in: Schriftenreihe Polizei & Wissenschaft, 2006, Bd. 1, S. 341 – 355

Weicht, Christian
Wohnungseinbrüche und Präventionsstrategien – Untersuchung über Wohnungseinbrüche im Kreis Lippe, in: Die Kriminalprävention 1999, Nr. 3, S. 94 – 99

Weisel, Deborah Lamm
Burglary of Single-Family Houses, in: Problem-Oriented Guides for Police, Series, Guide No. 18, U.S. Department of Justice (Hrsg.), Washington 2002

Wernitznig, Beate.
Strafverfolgung und Sanktionierung von deutschen und ausländischen Jugendlichen und Heranwachsenden. Eine Untersuchung am Beispiel des Einbruchsdiebstahls, Dissertation, Universität Konstanz (Hrsg.), Konstanz 2002

Windzio, Michael / Simson, Julia / Pfeiffer, Christian / Kleimann, Matthias.
Kriminalitätswahrnehmung und Punitivität in der Bevölkerung – welche Rolle spielen die Massenmedien?, Hannover 2007

Wulffen, Erich
Handbuch für den exekutiven Polizei- und Kriminalbeamten, 2. Band, 2. Aufl., Dresden 1905

Abbildungsverzeichnis

Anhang 1: Anschreiben zum Fragebogen „Wohnungseinbruch"

Frank Kawelovski   Mülheim, 17.7.11
Am Bahnhof Broich 16
45479 Mülheim
Tel. 0163 / 43 75 839
kawelovski@online.de

Untersuchung zum Thema „Wohnungseinbruch"

Sehr geehrte Dame, sehr geehrter Herr,

im Rahmen meiner Masterarbeit des Studienganges „Kriminologie und Polizeiwissenschaft"
an der Ruhr-Universität Bochum untersuche ich die Erscheinungsformen des Wohnungseinbruchs und die Maßnahmen, die die Strafverfolgungsorgane gegen dieses Delikt ergreifen.
Dazu werte ich derzeit mehrere Hundert Einbruchsakten der Staatsanwaltschaft Duisburg
aus. Daneben interessieren mich zu diesem Thema allerdings auch einige Fragen, die sich
nicht durch die Akten, sondern nur mit Ihrer Hilfe beantworten lassen.

Es geht im Einzelnen um die Fragen,

* was nach Ihrer Einschätzung unter einer aufgeklärten Straftat zu verstehen ist,
* zu welcher Tageszeit Wohnungseinbrüche nach Ihrer Meinung überwiegend
  begangen werden,
* für wie hoch Sie die Wahrscheinlichkeit halten, selbst Opfer eines Einbruchs zu
  werden,
* ob Sie gegen Wohnungseinbruch versichert sind,
* ob Sie aktuell ausreichend gegen einen Einbruch versichert sind und
* wie häufig nach Ihrer Einschätzung bei Wohnungseinbrüchen Vandalismus geübt
  wird.

Die Befragung erfolgt anonym. Eine Angabe Ihres Namens und Ihrer Anschrift ist daher nicht
erforderlich. Am Ende des Fragebogens bitte ich allerdings um ein paar persönliche Angaben.
Diese benötige ich, um belegen zu können, einen möglichst repräsentativen Querschnitt der
Bevölkerung befragt zu haben.

Ich hoffe, am Ende meiner Untersuchung Erkenntnisse zu gewinnen, die der Polizei, den
Staatsanwaltschaften und den Gerichten eine effektivere Auseinandersetzung mit diesem
Delikt erlauben.

Für Ihre Unterstützung, ohne die diese Untersuchung nicht möglich ist, bedanke ich mich
ganz herzlich. Für mögliche Rückfragen zum Fragebogen, aber auch allgemein zum Thema
Wohnungseinbruch stehe ich gerne zur Verfügung. Meine Kontaktdaten finden Sie oben.

Viel Spaß beim Ausfüllen des Fragebogens und herzliche Grüße

Frank Kawelovski

Anhang 2: Fragebogen „Wohnungseinbruch"

1.　　Einmal im Jahr veröffentlicht das Bundeskriminalamt in den Medien die Zahlen zum aktuellen Kriminalitätsgeschehen. Dabei wird auch bekannt gemacht, wie viele der angezeigten Straftaten von der Polizei aufgeklärt worden sind.

Wann ist eine Straftat nach Ihrem Verständnis „aufgeklärt"?

(Bitte kreuzen Sie nur eine Möglichkeit an!)

( ) Eine Tat ist für mich geklärt, wenn die Polizei einen Verdächtigen ermittelt und für den Täter hält.

( ) Eine Verdächtigung alleine durch die Polizei reicht nicht. Eine Tat ist nach meinem Verständnis erst geklärt, wenn der Verdächtige mindestens vor Gericht gestellt wird.

( ) Es reicht nicht, dass der Verdächtige vor Gericht gestellt wird. Er muss auch verurteilt werden. Sonst ist die Tat für mich nicht geklärt.

( ) Keine der Alternativen greift. Eine Straftat ist nach meinem Verständnis „aufge-klärt", wenn ... **(bitte nachfolgend Text eintragen!)**

_____

_____

2.　　Zu welcher Tageszeit ereignen sich nach Ihrer Einschätzung die meisten Wohnungs-einbrüche?

( ) Tagsüber (nach 06.00 h)
( ) Nachts (nach 22.00 h)

3.　　Für wie groß halten Sie die Wahrscheinlichkeit, zukünftig selbst Opfer eines Wohnungseinbruchs zu werden?

(Kreuzen Sie bitte nachfolgend nur eine Möglichkeit an!)

( ) Ich glaube gar nicht, dass mir das passiert.
( ) Ich halte die Wahrscheinlichkeit für gering.
( ) Ich halte die Wahrscheinlichkeit für groß.
( ) Ich rechne fest damit, dass mir das auch mal passiert.

4. Für den Haushalt, in dem ich lebe, besteht eine Einbruchsversicherung (= Hausrat-versicherung)

( ) Ja
( ) Nein   ( ) Weiß ich nicht

Die folgende Frage bitte nur beantworten, wenn Sie sicher sind, dass eine Hausrat-versicherung besteht!

5. Oft steigt im Laufe der Jahre der Wert des Hausrates durch den Kauf neuer Sachen, ohne dass die Versicherungssumme der Hausratversicherung hieran angepasst wird (Beispiel: Es wurde ursprünglich ein Wert von 40.000 Euro versichert. Durch den Kauf von Schmuck, teuren Hifi-Geräten oder wertvolleren Möbeln liegt der Wert des Hausrats mittlerweile bei 70.000 Euro). Wie ist die Situation in dem Haushalt, in dem Sie leben?

(Kreuzen Sie bitte nachfolgend nur eine Möglichkeit an!)

( ) Der Wert des Hausrates ist seit Abschluss der Versicherung nach meiner Einschätzung nicht mehr gestiegen.

( ) Der Wert des Hausrats hat sich zwar erhöht, die Versicherungssumme ist aber <u>nicht</u> dem heutigen Wert angepasst worden.

( ) Der Wert des Hausrats hat sich erhöht und die Versicherungssumme ist zwischen-zeitlich dem heutigen Wert angepasst worden.

( ) Der Wert des Hausrats hat sich zwar erhöht, aber die Versicherungssumme war bei Vertragabschluss sowieso höher als der Wert meiner Sachen. Dadurch reicht der Versicherungsschutz immer noch.

( ) Ich weiß nicht, ob der heutige Wert des Hausrats noch von der Höhe der Versicherung gedeckt ist.

---

6. Bei Wohnungseinbrüchen lassen sich zwei Arten von Schäden unterscheiden:

a) Schäden, die verursacht werden, um in die Wohnung zu gelangen (z. B. Aufbrechen von Türen und Fenstern), bzw. um Beute zu finden (Aufbrechen abgeschlossener Schränke, Durch-wühlen von Schränken und unachtsames Herauswerfen von Gegenständen), also „arbeits-bedingte" Schäden.

b) Sinnlose Beschädigungen (Zerschlagen von Möbeln und Glas, Aufschlitzen von Polstern, Beschmieren von Wänden mit Ketchup, rohen Eiern etc.), die die Täter aus Ärger, Frust über mangelnde Beute, Freude am Zerstören oder zum Schikanieren der Wohnungsinhaber begehen und die zur Begehung des Einbruchs nicht erforderlich wären (<u>Vandalismus</u>).

In wie viel Prozent der Wohnungseinbrüche wird nach Ihrer Meinung die zweite Form, der Vandalismus, geübt?

Bitte kreisen Sie das Feld ein, dessen Wert Ihrer Meinung am nächsten kommt!

Unter 10 %	10 %	20 %	30 %	40 %	50 %	60 %	70 %	80 %	90 %	100 %	Keine Ahnung

Bitte geben Sie noch ein paar Informationen zu Ihrer Person:

Geschlecht: ( ) weiblich ( ) männlich

Alter: _____ Jahre

Schulabschluss:

( ) Ohne Abschluss
( ) Sonderschulabschluss
( ) Volksschul- / Hauptschulabschluss
( ) Mittlere Reife
( ) Fachabitur
( ) Abitur

Familienstand:

( ) ledig
( ) verheiratet
( ) geschieden
( ) verwitwet

Ich habe die **deutsche Staatsangehörigkeit**. ( ) Ja ( ) Nein

In dem Haushalt, in dem ich lebe, hat es bereits einen (versuchten oder vollendeten) Einbruch gegeben.

( ) Ja ( ) Nein

Anhang 3: Erhebungsraster „Aktenanalyse"

IGVP-Nr. 508000-	Az. StA

Tatzeitende	_____._____. 2009

Tatverdächtiger	
Anzahl	_____
Geschlecht	männlich ( ) weiblich ( )
Alter	_____ Jahre
Nationalität	
Polizeilich bekannt	ja ( ) nein ( ) BtmK ( )
als Einbrecher bek.	ja ( ) nein ( )
Täter-Opfer-Bezieh.	ohne ( ) unbekannt ( ) Verwandte ( ) ehem. Partner ( ) Bekannte ( ) Nachbar ( ) Sonstige ( ) _____

Tat	
Vollendung	ja ( ) nein ( )
Woran gescheitert?	gar nicht ( ) Einstieg ( ) Personen ( ) Alarmanlage ( ) Polizei ( ) Sonstige ( )
Anzeigenerstatter	Geschädigter ( ) Nachbar ( ) Verwandter ( ) Polizei ( ) Sonstige ( )

Tatobjekt	
Objektart	EFH ( ) MFH ( ) Sonstiges ( )
Einstieg	Haustür ( ) Wohnungstür ( ) Terrassentür ( ) Balkontür ( ) Fenster ( ) Sonstiges ( )
Modus operandi	Hebeln ( ) Einschlagen ( ) Eintreten/-drücken ( ) Schlüssel ( ) Sonstiges ( )

Beute	ohne ( ) Bargeld ( ) Schmuck ( ) Uhren ( ) Fotogerät ( ) Handy ( ) Elektro ( ) PC ( ) Sonstiges ( )

Polizeiliche Maßnahmen		Tage seit Tat
Spurensicherung	ja ( ) nein ( ) keine Spur ( ) Daktylosk. Spur ( ) DNA-Spur ( ) _____ Schuhspur Werkzeugspur ( ) Sonstige ( ) _____	
SB: Kontakt mit Geschädigtem	ja ( ) nein ( ) Täterhinweis: ja ( ) nein ( )	
Zeugenvernehmung	ja ( ) nein ( ) Anzahl _____ beweisrelevant: ja ( ) nein ( )	Tage seit Tat
Wahllichtbildvorlage ungezielt	ja ( ) nein ( ) Anzahl _____ Identifizierung: ja ( ) nein ( )	
Wahllichtbildvorlage gezielt	ja ( ) nein ( ) Anzahl ( ) Identifizierung: ja ( ) nein ( )	
DNA-Analyse	Antrag: ja ( ) nein ( ) DNA festgestellt: ja ( ) nein ( ) Täter identifiziert: ja ( ) nein ( )	
Suche Sachfahndung	ja ( ) nein ( ) Erfolgreich: ja ( ) nein ( )	
Treffer SaFa Polas	ja ( ) nein ( )	
Pressefahndung	ja ( ) nein ( ) relevanter Hinweis: ja ( ) nein ( )	
Postwurfsendungen	ja ( ) nein ( ) relevanter Hinweis: ja ( ) nein ( )	
TKÜ-Abfrage Verbindungsdaten	ja ( ) nein ( ) Ergebnis relevant: ja ( ) nein ( ) Ersuchen an StA: ja ( ) nein ( ) Antrag StA: ja ( ) nein ( ) Beschluss: ja ( ) nein ( ) Daten relevant: ja ( ) nein ( )	
Telefonüberwachung	Ersuchen an StA: ja ( ) nein ( ) Antrag StA: ja ( ) nein ( ) Beschluss: ja ( ) nein ( ) Daten relevant: ja ( ) nein ( )	
Beschuldigtenvern.	ja ( ) nein ( ) / Anzahl: _____	

	Geständnis: ja ( ) nein ( ) Teilgeständnis ( )
Durchsuchung	ja ( ) nein ( ) relevanter Fund: ja ( ) nein ( )
Festnahme	ja ( ) nein ( ) durch: WWD ( ) ET ( ) DHF ( ) BPH ( ) Kripo ( ) sonstige Polizei ( ) Bürger ( ) Umstände: am / im Objekt ( ) TOBF ( ) später ( )
Fortgang Festnahme	Polizei: Freilassung ( ) Ersuchen U-HB ( ) StA: Ersuchen abgelehnt ( ) Antrag U-HB ( ) Gericht: Antrag abgelehnt ( ) U-HB erlassen ( )
Sonstige Maßnahmen	
Abschluss Ermittlung.	Datum:

StA Ermittlungsverfahren		Tage seit Tat
Rückverweisung zu Nachermittlungen	ja ( ) nein ( )	
Art der Ermittlung		
Rüge Ermittlungsfehler	ja ( ) nein ( )	

StA Zwischenverfahren	
Einstellung	§ 170 II StPO ( ) § 153 StPO ( ) § 154 I StPO ( ) § 3 JGG ( ) Sonstige ( )
Anklage	ja ( )
Sonstiges (z. B. Diversion)	
Anklage-relevante Beweise	
Abschluss StA	Datum:

Aburteilung Gericht	Freispruch ( ) Einstellung ( ) Geldstrafe ( ) FS zur Bewährung ( ) Strafmaß: _____

	FS ohne Bewährung ( ) Stafmaß: _____
	Sonstige Maßnahmen:
Verurteilungs-relevante Beweise	
Abschluss Gericht	Datum:

Anhang 4: Tabellen

zu Abschnitt 2.3.: Bundesbevölkerung nach Geschlecht (ohne Abb.)		
	%	300er-Quote
weiblich	51	154
männlich	49	146

zu Abschnitt 2.3: Bundesbevölkerung nach Alter (ohne Abb.)		
	%	300er-Quote
15 - 19 Jahre	6	19
20 - 29 Jahre	14	42
30 - 39 Jahre	14	42
40 - 49 Jahre	21	59
50 - 59 Jahre	16	49
60 - 64 Jahre	6	19
ab 65 Jahren	23	70

zu Abschnitt 2.3: Bundesbevölkerung nach Familienstand (ohne Abb.)		
	%	300er-Quote
ledig	33	99
verheiratet	50	149
verwitwet	8	25
geschieden	9	27

zu Abschnitt 2.3: Bundesbevölkerung nach Schulabschluss (ohne Abb.)		
	%	300er-Quote
Haupt- / Volksschulabschluss	38	115
Mittlere Reife	28	84
Hochschul- / Fachhochschulreife	26	76
ohne Abschluss / Sonderschulabschluss	8	25

zu Abschnitt 2.3 Bundesbevölkerung nach Nationalität (ohne Abb.)		
	%	absolut
Deutsche	91	273
Nicht-Deutsche	9	27

zu Abschnitt 2.3: Definition Tatverdacht (s. Abb. 1)		
	%	absolut
Verdacht Polizei	10	31
Täter vor Gericht	22	65
Täter verurteilt	63	188
Sonstiges / keine Angabe	5	16

zu Abschnitt 2.3: Tatzeit (Abb. 2)		
	%	absolut
tagsüber	77	231
nachts	22	67
keine Antwort	1	2

zu Abschnitt 2.3: Bedrohtheitsgefühl (s. Abb. 3)	%	absolut
gar nicht	5	15
gering	56	168
groß	28	84
bestimmt	10	29
keine Angabe	1	4

zu Anschnitt 2.3: Hausratversicherung (s. Abb. 4)	%	absolut
mit Einbruchsversicherung	78	233
ohne Einbruchsversicherung	12	37
unbekannt / keine Angabe	10	30

zu Abschnitt 2.3:Anpassung Hausratversicherung (s. Abb. 5)	%	absolut
Wert nicht gestiegen	12	28
Wert höher / Vers. nicht angepasst	17	41
Wert höher / Vers. angepasst	45	106
Vers. vorher schon höher	14	34
unbekannt, ob angepasst	12	29

zu Abschnitt 2.3: Vandalismus (s. Abb. 6)	%	absolut
keine Ahnung / keine Angaben	8	23
100%	0	0
90%	0	0
80%	2	7
70%	9	26
60%	10	31
50%	11	33
40%	16	47
30%	18	56
20%	12	35
10%	8	24
unter 10 %	6	18

157

zu Abschnitt 3.3.1: Fallzahlen WED (s. Abb. 7)[324]					
	Bund	NRW	OB	MH	WES
1993	227.000	53 600	725	686	1 696
1994	210.900	51200	895	496	1498
1995	211.200	57900	890	506	1821
1996	195.800	52100	757	486	1504
1997	182.000	48900	899	627	1491
1998	166.700	47800	609	551	1201
1999	149.000	44800	649	443	1067
2000	140.000	44600	698	415	724
2001	133.700	46600	773	536	882
2002	130.000	45500	773	502	886
2003	123.200	43300	585	542	841
2004	124.100	43100	622	625	1135
2005	109.700	38300	505	486	738
2006	106.100	37600	552	430	728
2007	109.100	37300	664	498	785
2008	108.200	38000	544	524	733
2009	113.800	41100	731	782	971
2010	121.300	44700	689	614	1104

zu Abschnitt 3.3.1: Aufklärungsquoten WED Bund (s. Abb. 8)	
	AQ %
1993	13,8
1994	14,2
1995	15,3
1996	16,3
1997	17,5
1998	17,5
1999	18,3
2000	17,7
2001	18,7
2002	19,6
2003	18
2004	19,5
2005	19,6
2006	19,3
2007	20
2008	18,1
2009	16,9
2010	15,9

zu Abschnitt 3.3.1: Versuche und Vollendungen (s. Abb. 9)		
	%	absolut
Versuche	28	218
Vollendungen	72	85

---

[324] Zahlen für Bund und NRW auf ganze 1000er gerundet

zu Abschnitt 3.3.1: Hinderungsgründe bei Versuchen (s. Abb. 10)		
	%	absolut
versuchte Fälle	100	85
Personen	36	31
Alarmanlagen	1	1
Polizei	5	4
Hunde	1	1
Sonstige	4	3
unbekannt	53	45

zu Abschnitt 3.3.1: Vandalismus (s. Abb. 11)		
	%	absolut
Gesamtfälle	100	303
Vandalismus	1	4

zu Abschnitt 3.3.2: Einzeltäter / Tätergruppen (s. Abb. 12)		
	%	absolut
Einzeltäter	74	223
Tätergruppen	26	80

zu Abschnitt 3.3.2: Geschlechtsverteilung TV (s. Abb. 13)		
	%	absolut
Männer	87	204
Frauen	13	30

zu Abschnitt 3.3.2: Alter der TV (s. Abb. 14)		
	%	absolut
bis 15	7	16
16 - 20	27	63
21 - 25	17	40
26 - 30	17	40
31 - 35	13	31
36 - 40	6	14
41 - 45	7	15
46 - 50	3	7
51 - 55	3	7
56 - 60	0	0
61 - 65	0	0
66 - 70	0	1

zu Abschnitt 3.3.2: Verteilung deutsche / nicht-deutsche TV (s. Abb. 15)		
	%	absolut
Deutsche	62	145
Nicht-Deutsche	37	87
unbekannt	1	2

zu Abschnitt 3.3.2: Täter-Opfer-Beziehungen (s. Abb. 16)		
	%	absolut
ohne TOB	61	182
mit TOB	39	121

zu Abschnitt 3.3.2: Täter-Opfer-Beziehungen nach Beziehungsart (s. Abb. 17)		
	%	absolut
Verwandte	16	22
ehemalige Partner	14	19
Bekannte	52	70
Nachbarn	10	13
Sonstige	8	10

zu Abschnitt 3.3.2: Polizeiliche / gerichtliche Erkenntnisse (s. Abb. 18)		
	%	absolut
ohne Erkenntnisse	15	34
mit Erkenntnissen	85	200

zu Abschnitt 3.3.2: Erkenntnisse als Einbrecher (s. Abb. 19)		
	%	absolut
ohne Erkenntnisse	62	146
mit Erkenntnissen	38	88

zu Abschnitt 3.3.2: Erkenntnisse als BtmK (s. Abb. 20)		
	%	absolut
ohne Erkenntnisse	68	160
mit Erkenntnissen	32	74

zu Abschnitt 3.3.4: Objektart (s. Abb. 21)		
	%	absolut
Einfamilienhäuser	24	72
Mehrfamilienhäuser	74	225
Sonstiges	2	6

zu Abschnitt 3.3.4: Einstieg ins Objekt (s. Abb. 22)		
	%	absolut
Haustür	10	31
Wohnungstür	30	90
Terrassentür	16	49
Balkontür	10	30
Fenster	34	102
Sonstiges	8	23

160

zu Abschnitt 3.3.5: Tatzeiten (s. Abb. 23)	
bis volle Stunde	Fälle
1 h	2
2 h	2
3 h	3
4 h	1
5 h	1
6 h	0
7 h	1
8 h	0
9 h	3
10 h	9
11 h	6
12 h	3
13 h	1
14 h	5
15 h	4
16 h	2
17 h	8
18 h	7
19 h	9
20 h	7
21 h	6
22 h	2
23 h	6
24 h	2

zu Abschnitt 3.3.6: Tatbeute (s. Abb. 24)	%	absolut
Computer	19	42
Film- / Fotogerät	22	49
Mobiltelefone	23	51
Elektrogeräte	27	59
Uhren	39	85
Bargeld	47	103
Sonstiges	50	110
Schmuck	51	112

zu Abschnitt 3.3.7: Art des Eindringens ins Objekt (s. Abb. 25)	%	absolut
Fälle gesamt	100	303
Hebeln	56	166
Glas einschlagen	7	21
Stumpfe Gewalt	11	33
Schlüssel	9	28
Klettern	7	22
Kippstellung	9	27
Zylinder abbrechen	1	4
Fenster bohren	0	0
Sonstiges	7	20

zu Abschnitt 3.3.7: Zusammenhang zwischen Tatmodi und Beziehungstaten (s. Abb. 26)

	100%	%	absolut
Hebeln	100	22	131
Einschlagen	100	42	19
Stumpfe Gewalt	100	73	33
Schlüssel	100	86	28
Kippstellung	100	32	22

zu Abschnitt 3.4.1: Anzeigenerstatter (s. Abb. 27)

	%	absolut
Gesamtfälle	100	303
Geschädigter	82	247
Nachbar	11	34
Verwandter	3	10
Polizei	0	1
Sonstige	4	11

zu Abschnitt 3.4.2: Durchführung Spurensicherung (s. Abb. 28)

	%	absolut
Fälle gesamt	100	303
Spurensicherung	63	191

zu Abschnitt 3.4.2: Spurensicherung nach KPB (s. Abb. 29)

	100%	%	absolut
Gesamt	100	63	191
Mülheim	100	69	100
Oberhausen	100	57	68
Wesel	100	58	23

zu Abschnitt 3.4.2: Daktyloskopische Spuren (s. Abb. 30)

	%	absolut
gesicherte Spuren	17	51
auswertbare Spuren	4	12
identifizierte Spurenleger	2	5

zu Abschnitt 3.4.2: Gesicherte Spurenarten (s. Abb. 31)

	%	absolut
Fälle gesamt	100	303
Dakty-Spuren	17	51
DNA-Spuren	10	29
Schuhspuren	6	19
Werkzeugspuren	3	10
Sonstiges	0	1

zu Abschnitt 3.4.3: Ungezielte Wahllichtbildvorlagen (s. Abb. 32)

	%	absolut
WED gesamt	100	303
Fälle mit ungezielten Lichtbildvorlagen	7	20
Fälle mit Identifizierungen	2	5

zu Abschnitt 3.4.4: Gezielte Wahllichtbildvorlagen (s. Abb. 33)	%	absolut
Fälle gesamt	100	303
Lichtbildvorlagen gezielt	9	28
Identifizierungen	7	20

zu Abschnitt 3.4.5: DNA-Spuren (s. Abb. 34)	%	absolut
gesicherte Spuren	10	29
DNA-Antrag gestellt	8	24
DNA festgestellt	3	10
identifizierte Spurenleger	2	5

zu Abschnitt 3.4.6: Suche Sachfahndung (Abb. 35)	%	absolut
Fälle gesamt	100	303
Suche Sachfahndung	6	18
Treffer	1	4

zu Abschnitt 3.4.6: Treffer Sachfahndung POLAS (s. Abb. 36)	%	absolut
Fälle gesamt	100	303
POLAS-Treffer Safa	2	5

zu Abschnitt 3.4.7: Pressefahndung / Postwurfsendungen (s. Abb. 37)	%	absolut
Fälle gesamt	100	303
Öffentlichkeitsfahndung	3	9
Fälle mit Hinweisen	2	7
Identifizierung durch Hinweis	0	1

zu Abschnitt 3.4.8: Ermittlungen Telekommunikation (s. Abb. 38)	%	absolut
Telefonüberwachung	1	2
Sonstige Verbindungsdaten	1	2
GPS-Ortung TV-Fahrzeug	0	1
Feststellung IP-Nummer PC	0	1
Anschlussinhaberermittlung	5	14

zu Abschnitt 3.4.9: Resultate Beschuldigtenvernehmungen (s. Abb. 39)	%	absolut
Vernehmung ohne Geständnis	80	152
Vernehmung mit Geständnis	12	22
Vernehmung mit Teilgeständnis	8	15

zu Abschnitt 3.4.10: Durchsuchungen (s. Abb. 40)	%	absolut
Fälle gesamt	100	303
Fälle Ersuchen	7	20
Fälle mit Anträgen StA	7	21
Fälle mit Beschlüssen	6	18
Fälle mit Durchsuchungen	14	35
Fälle mit erfolgreichen Durchsuchungen	4	11

zu Abschnitt 3.4.11: Festnahmen (s. Abb. 41)	%	absolut
Fälle gesamt	100	303
Fälle m. Festnahmen	13	40

zu Abschnitt 3.4.11: Umstände der Festnahme (s. Abb. 42)	%	absolut
im / am Objekt	25	10
Tatortbereichsfahndung	40	16
später	35	14

zu Abschnitt 3.4.11: Fortgang Festnahme (s. Abb. 43)	absolut
Festgenommene	66
Ersuchen um Haftbefehl an StA	35
Anträge auf Haftbefehl durch StA	29
Haftbefehle	26

zu Abschnitt 3.4.11: Festnehmende Kräfte (s. Abb. 44)	%	absolut
Fälle mit Festnahmen	13	40
WWD (uniformierter Streifendienst)	8	24
ET (zivile Einsatztrupps)	5	15
DHF (Diensthundeführer)	2	5
BPH (Bereitschaftspolizeihundertschaften)	1	2
Kripo	1	3
Bürger	2	5

zu Abschnitt 3.4.13: Personenkontakte Polizei pro Fall (s. Abb. 45)	absolut
Personenkontakte gesamt	5,1
Sicherungsangriff	2,1
Auswertungsangriff	3

zu Abschnitt 3.4.14: Beweise Polizei (s. Abb. 46)	%	absolut
Fälle gesamt	100	303
Zeugenaussagen	89	269
Geständnisse	8	24
objektive Beweise	22	67

zu Abschnitt 3.5.2: Verfahrenserledigungen StA (s. Abb. 47)

	%	absolut
§ 170 StPO	51	219
§ 154 StPO	9	39
§ 153 StPO	2	8
Sonstiges	21	91
Anklage	17	74

zu Abschnitt 3.5.2.: Anklagerelevante Beweise (s. Abb. 48)

	%	absolut
Zeugenaussagen	74	55
Angaben TV	23	17
Objektive Beweismittel	47	35

zu Abschnitt 3.6.2: Aburteilungen (s. Abb. 49)

	%	absolut
Freispruch	3	2
Einstellung	4	3
Geldstrafe	4	3
Freiheitsstrafe mB	51	36
Freiheitsstrafe oB	32	23
Sonstiges	6	4

zu Abschnitt 3.6.2: Verurteilungsrelevante Beweismittel (s. Abb. 50)

	absolut
Verurteilte	66
Zeugenaussagen	36
Geständnisse	48
Standortdaten TÜ	1
Zugeordnete Beute	28
Tatwerkzeug	1
DNA-Spur	1
Dakty-Spur	1

zu Abschnitt 3.6.2: Filtermodell der Strafverfolgung (s. Abb. 51)

	%	absolut
Fälle gesamt	100	1881
Fälle geklärt	17	326
Anklagen	3	61
Verurteilungen	2	47

zu Abschnitt 3.6.2: Durchschnittliche Freiheitsstrafe (s. Abb. 52)

	absolut
Durchschnitt Freiheitsstrafe	3,9
ohne Bewährung	4,5
mit Bewährung	3,5

zu Abschnitt 3.7: Festnahmeumstände und Verurteilungen (s. Abb. 53)

	im / am Objekt	TO-Bereichsfahndung	später
Fälle gesamt	100	100	100
Fälle mit Verurteilung	60	38	29

zu Abschnitt 3.7: Verfahrensdauer (s. Abb. 54)	
	absolut
bis 1. Abschluss Polizei	62
bis Abschluss StA	131
bis Abschluss Gericht	426

Anhang 5: Aktenzeichen der untersuchten StA-Akten[325]

110Js13/10 `	135Js45/09	162Js420/09	171Js34/09	202Js1462/09	20UJs9368/09
111Js71/09	135Js46/09	162Js666/09	171Js7/09	202Js865/09	20UJs9372/09
112Js193/09	135Js47/09	162Js692/09	171Js99/09	202Js938/09	20UJs9377/09
114Js352/09	135Js48/09	162Js87/09	172Js153/10	203Js1058/09	20UJs9388/09
116Js166/09	135Js49/09	162Js87/09	172Js184/09	203Js1165/09	20UJs9389/09
135Js128/09	135Js50/09	162UJs35/09	172Js219/09	203Js1268/09	20UJs9431/09
135Js119/09	135Js51/09	163Js119/09	172Js459/09	203Js289/10	20UJs9439/09
135Js120/09	135Js53/09	163Js125/09	172Js462/09	203Js717/09	20UJs9499/09
135Js124/09	135Js54/09	163Js170/10	172Js483/09	203Js79/10	20UJs9565/09
135Js125/09	135Js55/09	163Js208/09	172Js486/08	204Js489/09	20UJs9619/09
135Js126/09	135Js56/09	163Js222/09	172Js518/10	204Js601/09	291Js495/09
135Js127/09	135Js68/11	163Js259/09	172Js52/09	205Js1013/09	292Js489/09
135Js132/09	136Js116/09	163Js259/09	172Js552/08	205Js106/09	292Js65/09
135Js133/09	136Js126/09	163Js431/09	172Js579/09	205Js1091/09	293Js1396/09
135Js134/09	140Js232/11	163Js464/08	172Js68/09	205Js158/09	293Js416/09
135Js135/09	140Js419/09	163Js568/09	173Js130/09	205Js711/09	293Js467/09
135Js137/09	140Js427/09	163Js96/09	173Js246/09	207Js433/09	293Js468/09
135Js140/09	140Js428/09	164Js103/09	173Js365/09	207Js760/09	293Js675/09
135Js141/09	140Js456/10	164Js111/09	173Js598/09	208Js10/10	294Js578/09
135Js216/09	140Js5/10	164Js249/09	173Js723/09	208Js14/09	294Js583/09
135Js228/09	148Js364/09	164Js37/09	173Js775/09	208Js27/09	294Js664/09
135Js23/09	148Js390/09	164Js408/09	174Js158/09	208Js59/09	294Js664/09
135Js24/09	148Js461/09	164Js418/09	174Js195/09	20UJs4135/09	294Js700/09
135Js245/09	148Js492/09	164Js420/09	174Js280/09	20UJs1023/09	295Js129/09
135Js25/09	148Js492/09	164Js553/09	174Js567/09	20UJs2621/09	295Js1407/09
135Js26/09	149Js12/10	164Js579/09	183Js41/09	20UJs4117/09	295Js144/09
135Js27/09	149Js17/10	164Js663/09	183Js420/09	20UJs4131/09	295Js514/09
135Js28/09	149Js205/09	164Js673/09	184Js102/09	20UJs4132/09	295Js53/09
135Js29/09	149Js247/09	164Js727/09	184Js344/09	20UJs4134/09	295Js713/09
135Js30/09	149Js276/09	164Js99/10	184Js375/09	20UJs4136/09	295Js950/09
135Js31/09	149Js441/09	164UJs14/09	184Js436/09	20UJs6503/09	295Js992/09
135Js32/09	149Js442/09	164UJs155/09	185Js105/09	20UJs7214/09	297Js1264/09
135Js32/09	149Js49/10	165Js420/09	185Js24/09	20UJs8894/09	297Js1267/09
135Js33/09	149Js497/09	165Js470/09	185Js386/09	20UJs8941/09	299Js53/10
135Js34/09	149Js500/09	165Js489/09	185Js43/09	20UJs9146/09	299Js6/10
135Js35/09	155Js1139/08	165Js545/09	185Js453/09	20UJs9162/09	299Js69/09
135Js36/09	155Js625/09	165Js684/09	185Js491/09	20UJs9185/09	372Js1013/09
135Js37/09	162Js129/10	171Js12/10	185Js540/09	20UJs9201/09	383Js2547/09
135Js39/09	162Js273/09	171Js19/09	202Js1173/09	20UJs9214/09	71Js579/09
135Js43/09	162Js289/09	171Js34/09	202Js118/09	20UJs9220/09	782Js1791/09
135Js44/09	162Js310/10	171Js34/09	202Js1304/09	20UJs9315/09	

---

[325] Die Zahl der StA-Akten ist nicht mit der Zahl der untersuchten Wohnungseinbrüche identisch, da es sich bei einer ganzen Reihe von StA-Akten um Sammelverfahren handelte, die jeweils Ermittlungsverfahren zu mehreren Wohnungseinbrüchen umfassten

Sachverzeichnis